CANÇÕES DE NINAR DE

AUSCHWITZ

Mario Escobar

Canções de ninar de Auschwitz

Tradução de
Rodrigo Peixoto

HarperCollins*Brasil*
Rio de Janeiro, 2016

Título original: Canción de cuna de Auschwitz

Contatos:
Rua Nova Jerusalém, 345 — Bonsucesso — 21042-235
Rio de Janeiro — RJ — Brasil
Tel.: (21) 3882-8200 — Fax: (21) 3882-8212/831

CIP-Brasil. Catalogação na Publicação
Sindicato Nacional dos Editores de Livros, RJ

E73c

Escobar, Mario
Canções de ninar de Auschwitz / Mario Escobar ; tradução Rodrigo Peixoto. – 1. ed. – Rio de Janeiro : Harper Collins Brasil, 2016.
224 p.

Tradução de: Canción de cuna de Auschwitz
ISBN 9788569809470

1. Romance espanhol. I. Peixoto, Rodrigo. II. Título.

16-32583 CDD: 863
CDU: 821.134.2-3

À minha amada mulher, Elisabeth, que me acompanhou em Auschwitz e se apaixonou por esta história. Quero passar o resto da minha vida com você.

Aos mais de vinte mil membros da etnia cigana que foram encarcerados e exterminados em Auschwitz, e aos 250 mil assassinados nas sarjetas e bosques do norte da Europa e da Rússia.

À Associação de Memória do Genocídio Cigano, por sua luta pela justiça e pela verdade.

O contrário do amor não é o ódio, mas a indiferença. O contrário da beleza não é a feiura, mas a indiferença. O contrário da fé não é a heresia, mas a indiferença. O contrário da vida não é a morte, mas a indiferença entre a vida e a morte.

– Elie Wiesel[1]

Uma hora após deixar Cracóvia, nosso comboio se detém em uma grande estação. O letreiro anuncia o nome da localidade: "Auschwitz". O que não nos diz nada. Nunca tínhamos ouvido falar desse lugar.

– Miklós Nyiszli[2]

Era necessária uma energia moral extraordinária para se aproximar da infâmia nazista e não cair no fundo do poço. No entanto, eu conheci muitos internos que souberam ser fiéis à sua dignidade humana até o fim. Os nazistas os degradaram fisicamente, mas não foram capazes de rebaixá-los moralmente.

– Olga Lengyel[3]

Sumário

Prefácio

Canções de ninar de Auschwitz foi o livro mais difícil de ser escrito em toda a minha carreira — e não por conta de problemas estilísticos ou dúvidas sobre o caminho que a história ia tomando. O que me preocupava de verdade era não poder conter uma alma tão grande quanto a de Helene Hannemann entre as linhas deste livro.

Nós, seres humanos, somos pequenos ciscos no meio do furacão dos acontecimentos, mas a história de Helene nos lembra de que podemos ser donos do nosso destino, mesmo com o mundo inteiro contra nós. Não sei se este livro me ensinou a ser uma pessoa melhor, mas certamente me ensinou a inventar menos desculpas para meus erros e fraquezas.

Larry Downs, meu editor e amigo, ao descobrir a história de Helene Hannemann, disse-me que o mundo precisava conhecê-la. Mas isso não depende de nós, e sim de você, querido leitor, e do seu amor pela verdade e pela justiça. Ajude-me a revelar ao mundo a história de Helene Hannemann e seus cinco filhos.

Madri, 7 de março de 2015 (pouco mais de setenta anos após a libertação de Auschwitz).

Prólogo

Buenos Aires, março de 1956.

Fiquei impressionado com a subida rápida do avião. Eu estava havia pouco menos de seis anos na Argentina e, desde então, não me distanciara mais do que alguns quilômetros da capital. A ideia de permanecer tantas horas em um espaço tão pequeno me fez sentir uma forte opressão no peito. Porém, à medida que o bico do avião se endireitava, pouco a pouco, comecei a recuperar a calma.

Quando a amável aeromoça se aproximou e perguntou se eu gostaria de beber alguma coisa, respondi que um chá seria suficiente. Por um segundo, pensei em tomar algo mais forte. Porém, desde minha estância em Auschwitz, tinha perdido a vontade de tomar bebidas alcoólicas. Para mim, era um espetáculo lamentável ver meus companheiros e colegas ébrios o dia inteiro, sem que isso parecesse ter importância para o comandante Rudolf Höss. É certo que, nos últimos meses da guerra, muitos homens se sentiam desesperados, alguns tinham perdido suas esposas e seus filhos nos duros e criminosos bombardeios aliados. Mas um soldado alemão, especialmente um membro da SS, deveria manter a altivez, independentemente das circunstâncias.

A aeromoça deixou o chá quente na mesinha à minha frente, e eu lhe devolvi um sorriso. Seus traços eram perfeitos. Lábios grossos, mas não exagerados, olhos de um azul intenso e brilhante, maçãs do rosto pequenas e rosadas, tudo configurando um rosto ariano perfeito. Logo depois, olhei para minha velha maleta de couro preto. Nela, guardei livros de biologia e genética para amenizar a viagem, mas, no último momento, ainda sem saber por que, guardei também uns velhos cadernos infantis do *Kindergarten* do *Zigeunerlager* de Birkenau. Anos antes, eu os havia perdido em meio a meus informes de estudos genéticos realizados em Auschwitz. Porém, durante todo esse tempo, nunca havia lido tais cadernos. Eles formam o diário de uma alemã que conheci em Auschwitz chamada *Frau* Hannemann. No entanto, Helene Hannemann, sua família e a guerra pertenciam a um passado distante que eu preferia esquecer. Na mesma época, eu era um jovem oficial da SS e todos me conheciam como *Herr Doktor* Mengele.

Estiquei o braço e peguei o primeiro caderno. A capa estava totalmente descolorida, tinha manchas de umidade nas pontas, e o papel ganhara um tom amarelado, típico das histórias antigas que já não interessam a ninguém. Abri lentamente a capa enquanto tomava o primeiro gole de chá-preto. Depois, as letras compridas de Helene Hannemann, diretora da creche de Auschwitz, fizeram com que eu voltasse a Birkenau e à seção BIIe, onde estavam encarcerados os ciganos do campo. Barro, cercas eletrificadas e o cheiro adocicado da morte. Para nós, Auschwitz era isso. E continua sendo a mesma coisa em nossas lembranças.

1

Berlim, maio de 1943.

A escuridão ainda envolvia as ruas quando me levantei da cama, meio adormecida. Embora os dias começassem a ser mais quentes, senti o frescor da madrugada eriçando meus pelos. Vesti o leve roupão de cetim e, sem despertar Johann, fui direto ao banheiro. Felizmente, nosso apartamento ainda tinha água quente e pude tomar uma breve ducha antes de acordar as crianças. Todos, menos a pequena Adalia, iriam ao colégio naquela manhã. Com a mão, limpei o vapor que embaçara o espelho e, por alguns segundos, contemplei meus olhos azuis, que começavam a ficar menores por conta das rugas. Notei olheiras, o que era comum em uma mãe de cinco filhos com menos de 12 anos de idade, uma mulher que trabalhava como enfermeira, em turnos dobrados, para manter sua família. Sequei meus cabelos com a toalha até que eles recuperassem o tom loiro-palha e, por alguns segundos, fiquei observando os fios brancos que começavam a empalidecer minha murcha franjinha. Por um tempo, fiquei ondulando os cabelos, mas desisti após alguns segundos.

A voz dos gêmeos Emily e Ernest reclamava minha presença, e me vesti com pressa. Com os pés ainda descalços, corri ao outro quarto.

Quando entrei, os gêmeos estavam sentados na cama, conversando entre eles. Os outros irmãos continuavam deitados, tentando dormir por mais alguns segundos. Adalia continuava dormindo conosco, pois a cama das crianças era muito pequena para que as cinco se deitassem juntas.

— Não façam tanto barulho, seus irmãos estão dormindo. Vou preparar o café — avisei aos gêmeos, que me olharam com seus rostos sorridentes, como se o simples fato de me ver fosse suficiente para alegrar o dia.

Peguei a roupa que estava na cadeira e coloquei sobre a cama. Emily e Ernest já estavam com seis anos e não precisavam da minha ajuda para se vestir. Quando uma família é composta por sete membros, devemos organizar estratégias para que as tarefas mais simples sejam realizadas da maneira mais rápida possível.

Entrei na pequena cozinha e coloquei um pouco de café para ferver. Logo depois, o cheiro amargo de café barato tomou conta do ambiente. Aquela estranha tinta negra era a única maneira de fazer com que o leite aguado perdesse um pouco seu caráter insípido, embora os mais velhos percebessem claramente que não se tratava de leite de verdade. Quando tínhamos sorte, conseguíamos algumas latas de leite em pó. Porém, desde o início do ano, a situação piorara no *front*, e os alimentos começavam a ser ainda mais racionados.

As crianças chegaram à cozinha correndo e trocando empurrões pelo corredor. Elas sabiam que o minguado pão com manteiga e açúcar que eu servia todas as manhãs não duraria muito sobre a mesa.

— Não façam tanto barulho! O pai de vocês e Adalia continuam na cama — avisei, enquanto eles se sentavam nas cadeiras. Mesmo famintos, eles não comeram seus pães antes que eu distribuísse as xícaras e fizéssemos uma breve oração de ação de graças pelos alimentos que tínhamos.

Alguns segundos mais tarde, o pão desaparecera, e as crianças terminavam de tomar seus cafés para depois irem para o banho e escovarem os dentes. Aproveitei o momento para voltar ao quarto, calçar os sapatos, pegar meu sobretudo e meu chapéu de enfermeira. Eu sabia que Johann estava acordado, mas ele bancava o sonolento até ouvir a porta sendo fechada. Ele sentia vergonha de que fosse sua esposa quem levasse um salário para casa, mas tudo mudara muito desde o começo da guerra na Alemanha.

Johann era um mestre do violino. Por muitos anos, pertencera à filarmônica de Berlim. Porém, desde 1936, as restrições para todos que não se encaixavam nas leis raciais do Partido Nazista foram endurecidas. Meu marido era cigano, embora a maior parte dos alemães preferisse a palavra *zíngaro* para denominar as pessoas de sua etnia. Entre abril e maio de 1940, praticamente toda a família do meu marido fora deportada para a Polônia, e não sabíamos nada sobre ela havia quase três anos. Por sorte, para os nazistas, eu era de raça pura e, por conta disso, nunca mais nos importunaram. No entanto, sempre que alguém batia à porta ou o telefone tocava à noite, eu não conseguia evitar um aperto no coração.

Quando cheguei à porta, meus quatro filhos mais velhos me esperavam com seus casacos postos, seus gorros escolares e suas pastas de couro marrom ao lado dos pés.

Eu os chequei rapidamente, arrumei seus cachecóis e passei alguns segundos beijando suas bochechas. Blaz, o mais velho, algumas vezes resistia às minhas expressões efusivas de carinho, mas os gêmeos e Otis sempre desfrutavam daqueles segundos antes de sair de casa e seguirem caminhando ao colégio.

— Vamos, eu não quero que vocês se atrasem. Tenho vinte minutos até o início do meu turno — avisei, abrindo a porta.

Ao sair de casa e acender a luz, escutamos o som seco de botas que subiam ruidosamente pelas escadas de madeira. Um calafrio subiu pelas minhas costas, engoli em seco, mas tentei sorrir para meus filhos, que olharam para mim, como se imediatamente tivessem notado minha inquietação. Fiz um gesto com a mão para que se tranquilizassem e começamos a descer os degraus. As crianças não se atreveram a se afastar de mim. Normalmente, eu insistia para que eles não corressem escadaria abaixo, mas os passos que se aproximavam fizeram com que se postassem atrás de mim, como se meu leve sobretudo verde os concedesse algum tipo de invisibilidade ou proteção especial.

Quando chegamos ao segundo andar, as botas retumbavam com força total. Blaz se aproximou do corrimão e, um segundo mais tarde, lançou-me um olhar que apenas os filhos mais velhos sabem fazer, a fim de não assustar os irmãos mais novos.

Meu coração começou a bater a toda velocidade, o ar parecia sumir do meu peito, mas continuei descendo as escadas com a esperança de que, mais uma vez, a desgraça passasse longe da minha vida. O que eu não sabia era que, daquela vez, estava destinada a sofrer.

Os policiais nos encontraram no meio do segundo lance de escadas que nos levaria ao primeiro andar. Os jovens agentes, em seus trajes verde-escuro, com cintos de couro e botões dourados, pararam bem na nossa frente. Meus filhos ficaram alguns segundos admirando seus chapéus pontiagudos com águias douradas, mas logo baixaram os olhos, passando a observar suas botas lustradas. Um sargento deu uns passos à frente, ofegante, e ficou nos olhando por alguns segundos. Em seguida, começou a falar, deixando que seu bigode comprido, ao melhor estilo prussiano, começasse a se agitar por conta de suas palavras educadas, mas ameaçadoras.

— *Frau* Hannemann, temo que deva nos acompanhar de volta ao seu apartamento.

Olhei diretamente em seus olhos, antes de responder. A fria resposta de suas pupilas verdes me fez tremer de medo, mas tentei manter meu semblante sossegado e sorrir.

— Sargento, não entendo o que está acontecendo. Preciso levar meus filhos ao colégio e trabalhar. Aconteceu algo ruim?

— *Frau* Hannemann, melhor conversarmos no seu apartamento — disse o sargento, agarrando meu braço com força.

Aquele gesto assustou os meus filhos, embora a polícia tenha tentado dissimular um pouco. Durante anos, vimos a violência e a agressividade dos nazistas, mas era a primeira vez que me sentia verdadeiramente ameaçada. Naquele tempo, eu vivia com a esperança de que não nos notariam, e que passar despercebidos seria a melhor estratégia para sobrevivermos à nova Alemanha.

A porta da minha vizinha Wegener foi entreaberta, e eu notei seu rosto pálido marcado por rugas profundas. Ela me olhou angustiada, depois abriu completamente a porta.

— *Herr polizei*, minha vizinha *Frau* Hannemann é uma boa mãe e esposa. Ela e sua família são um exemplo de educação e bondade, espero que não tenham sido difamados por alguém mal-intencionado — comentou *Frau* Wegener.

Aquele ato de valentia encheu meus olhos de lágrimas. Em plena guerra, ninguém se arriscava à exposição pública frente às autoridades. Por alguns instantes, fiquei olhando para as pupilas da minha vizinha, embaciadas pelas cataratas, e apertei seu ombro com uma das mãos.

— Estamos cumprindo ordens. Queremos apenas conversar com seus vizinhos. Por favor, entre em sua casa e permita que façamos nosso trabalho em paz — disse o sargento, enquanto agarrava a porta e puxava a maçaneta com força, batendo-a.

Meus filhos ficaram assustados, e Emily começou a chorar. Aproveitei para pegá-la no colo e apertá-la contra meu peito. Em minha mente, as únicas palavras que conseguiam vencer a sensação de angústia eram: "Não vou permitir que ninguém os machuque."

Alguns segundos mais tarde, estávamos na porta de entrada do nosso apartamento. Tentei procurar a chave na minha bolsa repleta de biscoitos, lenços, uma pequena garrafa de água, documentos e cosméticos, mas um dos policiais me afastou bruscamente, golpeando a porta com o punho cerrado.

O som retumbou pelas escadarias. Ainda era muito cedo e o silêncio não abandonara completamente a cidade. As pessoas davam início a seus rituais matutinos, tentando se esconder em uma normalidade que deixara de existir havia muito tempo.

Escutamos passos apressados, e a porta se abriu rapidamente, iluminando o hall de entrada. Johann parecia um tanto aturdido, com seus cabelos encaracolados e pretos cobrindo parte de seus olhos castanhos. Primeiro olhou para os policiais, depois para nós, que de alguma maneira pedíamos, com nossos olhares, que nos protegesse, mas ele se limitou a abrir completamente a porta de madeira para que entrássemos.

— O senhor é Johann Hanstein? — perguntou o sargento.

— Sim, *Herr polizei* — respondeu meu marido, com voz trêmula.

— Por ordem do *Reichsführer* SS Heinrich Himmler, todos os *sinti* e *rom*, ou seja, os ciganos do Reich, devem ser internados em campos especiais — recitou o sargento, que, sem dúvida, repetira a mesma frase dezenas de vezes nos últimos dias.

— Mas... — tentou reagir meu marido. Seus olhos grandes e negros pareciam devorar aquele momento eterno, até o policial fazer um sinal e seus companheiros o rodearem, agarrando-o pelos braços.

— Não, por favor. As crianças estão nervosas — pedi, pousando uma das mãos no ombro do sargento.

Por alguns segundos, senti o peso do olhar daquele homem. As ideologias nunca afogam completamente os sentimentos e as emoções. Quem falava com ele era uma alemã que poderia ser sua irmã ou filha, não uma delinquente perigosa que tentava enganá-lo.

— Permita que meu marido se vista. Vou levar as crianças a outro cômodo — pedi, em tom de voz suave, tentando atenuar a situação violenta.

— As crianças devem vir conosco — respondeu o sargento, enquanto pedia, com um gesto, que seus homens soltassem meu marido.

Tais palavras atravessaram minhas entranhas como uma lâmina. Senti ânsia de vômito, dobrei meu corpo para frente e tentei imaginar ter escutado mal. Para onde levariam minha família?

— As crianças também são ciganas. Elas estão incluídas na ordem que recebemos. Não se preocupe, a senhora pode ficar — disse o sargento, tentando me explicar novamente a situação.

Sem dúvida, meu rosto refletia, pela primeira vez, o desespero que eu sentia havia um bom tempo.

— A mãe deles é alemã — tentei argumentar.

— Algo me diz que isso não importa neste momento. E falta uma criança. Meus documentos dizem ser cinco, além do pai — disse o sargento, muito sério.

Não reagi. Eu me sentia paralisada pelo temor, mas tentei engolir as lágrimas. Meus filhos não paravam de me olhar, eu precisava ser forte.

— Vou prepará-los em um instante. Vamos todos com o senhor. A mais nova continua na cama.

E me surpreendi com minhas próprias palavras. Era como se não fosse eu quem estivesse falando. As palavras pareciam sair de outros lábios.

— A senhora não, *Frau* Hannemann, apenas as pessoas de raça zíngara, os ciganos — disse o sargento, seco.

— *Herr polizei*, eu irei para onde for a minha família. Agora, permita-me preparar as malas e vestir a mais nova.

O policial franziu o cenho, mas com um gesto permitiu que eu saísse do cômodo com os meninos. Seguimos ao quarto principal. Subindo em uma cadeira, peguei duas grandes malas baratas que guardávamos sobre o armário. Coloquei-as em cima da cama e comecei a guardar roupas dentro delas. Meus filhos me rodeavam, em silêncio. Eles não choravam, embora seus rostos inquietos não escondessem a preocupação.

— Para onde vamos, mamãe? — perguntou Blaz, o mais velho.

— Vamos ser levados a um acampamento, como esses de verão que você frequentava quando era pequeno, lembra? — perguntei, tentando forçar um sorriso.

— Vamos para um acampamento? — perguntou Otis, o segundo mais velho, um pouco mais animado.

— Sim, meu querido. Vamos passar uma temporada por lá. Vocês se lembram de que seus primos também foram levados, há alguns anos? Quem sabe vocês se encontrem? — comentei, em um tom de voz mais animado.

Os gêmeos começaram a se entusiasmar, como se minhas palavras os tivessem feito esquecer, por alguns segundos, o que haviam visto.

— Podemos levar a bola? E os patins, e alguns brinquedos? — perguntou Ernest, que sempre parecia disposto a organizar uma boa rodada de brincadeiras.

— Vamos levar apenas o imprescindível. Sem dúvida, encontraremos muitas coisas de criança por lá — menti, embora de alguma maneira tentasse me convencer de que tudo aquilo poderia ser verdade.

Eu sabia que os nazistas tinham arrancado os judeus de suas casas, e também os dissidentes políticos e os traidores. Escutávamos rumores de que todos os "inimigos" do Reich estavam internados em campos de concentração. Porém, nós não éramos um perigo para os nazistas. Sem dúvida, seríamos presos em um acampamento improvisado até o final da guerra.

Adalia acordou e, ao perceber o movimento sobre a cama, assustou-se. Eu a tomei nos braços. Com três anos de idade, era uma menina magra, de feições suaves e pele muito branca. Muito diferente dos irmãos mais velhos, mais parecidos com o pai.

— Calma. Não está acontecendo nada. Nós vamos viajar — eu lhe disse, apertando-a contra meu peito.

Nesse momento, senti um nó na garganta. A inquietação voltou a me invadir. Pensei que deveria telefonar aos meus pais, para que ao menos eles soubessem para onde nos levavam. Porém, algo me dizia que os policiais não permitiriam um telefonema.

Após vestir Adalia, terminei de organizar as malas e fui para a cozinha. Peguei algumas latas, o pouco leite que nos restava, alguns embutidos e biscoitos. Não sabia quão longa poderia ser a viagem, achei melhor estarmos prevenidos.

Voltando à pequena sala, vi que meu marido continuava de pijama. Deixei as duas malas pesadas no chão e voltei ao quarto, para pegar suas roupas. Escolhi seu melhor terno, uma gravata roxa, seu chapéu e o sobretudo. Enquanto ele se trocava na frente dos policiais, voltei ao quarto e tirei a roupa de enfermeira. As crianças me esperavam junto à porta do banheiro, como se tentassem se misturar à minha alma. Escolhi um terninho marrom e uma blusa azul. Ao sair, os cinco me olharam, impacientes. Voltamos à sala e fiquei alguns segundos observando Johann. Ele estava tão elegante que parecia um príncipe cigano. Colocou o chapéu na cabeça, e os três policiais voltaram-se para mim.

— Não precisa vir, *Frau* Hannemann — insistiu o sargento.

— E o senhor acha que uma mãe se separaria dos filhos em uma situação como esta? — perguntei, encarando-o diretamente nos olhos.

— A senhora se surpreenderia se eu lhe contasse tudo o que vi nestes anos. Agora, será melhor que nos acompanhem, pois precisamos chegar à estação de trem antes das dez da manhã — respondeu o policial.

Aquele simples comentário me fez pensar que a viagem seria mais longa do que eu imaginava. A família do meu marido fora deportada ao norte, mas por algum motivo eu imaginava que nos levariam a um campo de concentração de zíngaros construído próximo a Berlim.

Seguimos pelo corredor até a entrada de casa. Meu marido caminhava à nossa frente com as malas, e os dois policiais mais jovens seguiam às suas costas. Depois, vinham meus filhos mais velhos, seguidos pelos gêmeos, agarrados ao meu sobretudo, e a pequena estava em meus braços. Quando chegamos à porta, virei o rosto e olhei para minha casa pela última vez. Naquela manhã, ao acordar, estava certa de que viveria mais um dia. Blaz estava um pouco nervoso por conta de uma prova que faria antes do recreio. Otis se levantara com uma forte dor de ouvido, em mais um indício de que estava a ponto de ficar doente. Os gêmeos estavam bem de saúde, mas ainda sofriam para se levantar cedo e ir para a escola. Adalia era um anjo que sempre se comportava bem e tentava acompanhar os irmãos nas brincadeiras. Porém, horas antes, nada indicava que tudo isso teria muito pouca importância no resto do dia.

O corredor não estava muito iluminado, mas ao fundo se percebia a sala, que começava a receber os primeiros raios de sol. Por alguns instantes, pensei que aquele fosse meu lar, mas logo percebi que estava profundamente enganada. Meu lar eram meus cinco filhos e Johann. Fechei a porta e comecei a descer as escadas cantarolando uma cantiga infantil que meus filhos sempre pediam que eu cantasse quando estavam nervosos ou não conseguiam dormir. Aquelas palavras inundaram as escadarias e tranquilizaram as almas inquietas das crianças, enquanto seguíamos ao desconhecido.

Guten Abend, gute Nacht,
mit Rosen bedatch,
mit Näglein besteckt,
schlupf unter die Deck;
Morgen früh, wenn Gott will,
wirst du wieder geweckt,
morgen früh, wenn Gott will,
wirst du wieder geweckt.
Guten Abend, gute Nacht,
von Englein bewacht,
die zeigen im Traum
dir Christkindleins Baum:
Schlaf nur selig und sü ß,
schau im Traum ' s Paradies,
schlaf nur selig und sü ß,
*schau im Traum ' s Paradies.**

* Boa noite, boa noite, coberto de rosas e com cravos ao redor, cubra-se com sua manta. Amanhã bem cedo, se Deus quiser, você voltará a despertar. Amanhã bem cedo, se Deus quiser, você voltará a despertar. Boa noite, boa noite, que os anjos que lhe protegem mostrem a você, em sonhos, a árvore do Menino Jesus. Durma, feliz e tranquilo, observando os sonhos do Paraíso. Durma, feliz e tranquilo, observando os sonhos do Paraíso.

2

A caminho de Auschwitz, maio de 1943.

Tudo aconteceu rápido demais. Na área de carga e descarga da estação, havia centenas de pessoas próximas aos trilhos. No início, ficamos um pouco atordoados. Os policiais tinham nos deixado diante de uns soldados da SS, e eles, aos empurrões, nos levaram para o interior da estação. Estranhei ao ver um trem usado para carregar gado, marrom-escuro, com as portas abertas, mas logo entendi o que aquela gente pretendia fazer. Eu continuava com Adalia nos braços e, com a outra mão, agarrava as mãozinhas geladas e suadas dos gêmeos. Os mais velhos estavam agarrados às malas que meu marido segurava com força. Os soldados começaram a nos empurrar, e a plataforma foi ficando vazia à medida que as pessoas subiam nos vagões. Johann soltou as malas e ajudou Blaz e Otis a subirem. Depois ergueu os gêmeos e os deixou no interior do vagão. Nesse momento, a pressão humana começou a me arrastar para a frente. Johann subiu no vagão para que eu lhe entregasse a menina, mas eu mal conseguia me manter de pé frente à porta.

Meu marido tomou Adalia nos braços, mas eu me afastava deles cada vez mais. Angustiada, abri caminho aos empurrões. Mulheres, homens e crianças, como uma maré humana aterrorizada, arrastavam-me em direção a outros vagões. Mas eu não poderia deixar minha família sozinha. Aferrei-me com todas as forças a uma barra do vagão e dei um salto, ficando suspensa sobre as cabeças da multidão por alguns segundos. Logo percebi um forte golpe nas minhas costas. Virei-me e vi um soldado da SS com um cassetete, tentando fazer com que eu descesse. Meu marido ficou observando a cena, agarrou-se às madeiras do vagão e se aproximou até onde conseguiu esticar o braço. Fiquei olhando para ele por um instante, mas percebi um segundo golpe que quase me fez cair em meio à multidão. No entanto, consegui agarrar a mão de Johann, que me colocou no vagão.

O cheiro nauseabundo quase me fez vomitar, mas consegui me recompor. Com a ajuda do meu marido, abrimos espaço para que as crianças conseguissem se sentar sobre a palha, que exalava um fedor pestilento de umidade e urina. Eu e Johann ficamos de pé. Com 96 pessoas no vagão, era impossível que todos nos sentássemos.

O trem começou a se mover bem lentamente. Estivemos a ponto de perder o equilíbrio, mas os corpos colados uns aos outros impediam que caíssemos no chão. Aquele inferno estava apenas começando.

Todos os membros do vagão eram zíngaros, como meu marido. No princípio, as pessoas tentaram manter a calma, mas à medida que passavam as horas começaram as discussões e os enfrentamentos. A sede se tornou um problema após quatro ou cinco horas de viagem. Os bebês gritavam desesperados, as crianças sentiam fome, os idosos começavam a desmaiar por conta do cansaço e da postura incômoda. O vagão não parava de se mover e dar solavancos. Sentíamos muito frio, embora estivéssemos no início do mês de maio. Porém, os fins de tarde são gélidos na Alemanha, e nós seguíamos em direção ao norte.

Quando a noite chegou, a confusão já tomava conta do vagão, até que um dos ciganos idosos começou a gritar em seu idioma ancestral. Ele conseguiu acalmar um pouco os ânimos. Meu marido ajudou, com dois outros homens, a organizar o vagão e a improvisar uma espécie de latrina no fundo, com um balde e uma manta que pendia do teto, a fim de se ter um mínimo de privacidade.

Aproveitei para dar um pouco de comida aos meus filhos, que beberam goles de leite revezadamente. Os maiores se deitaram sobre a palha, e os três menores se encolheram aos seus pés, com a menina entre eles.

Não havia luz, mas não precisávamos dela para imaginar os rostos preocupados e as expressões de extrema tristeza de todos os passageiros. As condições em que nos transportavam não permitiam que alimentássemos muitas ilusões sobre o local para aonde nos levavam. Quando Johann voltou, cansei de aguentar e chorei. Tentei afogar meus lamentos em seu paletó, para que as crianças não acordassem. Mas aquilo não me consolava, e me sentia cada vez mais desesperada enquanto me desafogava.

— Não chore, minha querida. As coisas vão melhorar quando chegarmos ao acampamento. Em 1936, muitos ciganos foram internados para a celebração dos Jogos Olímpicos, mas meses mais tarde puderam voltar a suas casas — disse Johann, em tom suave. Era a primeira vez que conversávamos, desde aquela manhã. Por algum motivo, o tom de sua voz me relaxou, como se ao seu lado nada negativo pudesse acontecer na minha vida.

— Eu amo você — disse, enquanto o abraçava.

Eu lhe expressara meus sentimentos muitas vezes desde que nos conhecíamos, mas conseguir amar em um lugar como aquele, rodeada de um exército de desesperados, parecia a confirmação de que vivíamos anos de um amor ininterrupto.

— Nós fomos perseguidos durante centenas de anos, mas sempre sobrevivemos. Portanto, conseguiremos sair de mais uma — disse Johann, acariciando meu rosto.

Estávamos juntos havia mais de vinte anos. Nós tínhamos nos conhecido ainda adolescentes, quando sua família chegou a Freital, um pequeno povoado próximo a Dresden, onde eu nasci. Meus pais participavam ativamente na obra social da igreja e ajudavam os filhos dos ciganos a se integrarem na comunidade. Quando viram Johann, perceberam tratar-se de um menino especial. Meus pais tiveram de superar os preconceitos que sempre existiram com relação aos ciganos. A maior parte dos meus vizinhos acreditava ser impossível confiar neles. A qualquer momento, poderiam nos enganar ou tentar nos roubar. Em pouco tempo, meu pai ficou amigo dos pais de Johann. Sua família vivia de comprar e vender cavalos, mas também comercializava todo tipo de coisa. Muitas vezes, o pai de Johann vinha à minha casa com ele, a fim de nos mostrar seus novos produtos: toalhas de mesa de linho fabricadas em Portugal, lençóis e toalhas de banho. Minha mãe analisava os tecidos com desconfiança, mas quase sempre os aprovava. Os dois homens negociavam um pouco, depois selavam um acordo com um aperto de mãos. Enquanto isso, eu olhava fixamente para o menino. Seu rosto de pômulos marcados e queixo quadrado me parecia digno de um príncipe da Pérsia. No entanto, raramente conversávamos. Algumas vezes, deixavam que brincássemos de bola no pátio, mas nos limitávamos a olhar um ao outro e passar a bola. Meus pais gostavam do menino e conseguiram matriculá-lo na escola primária, depois no ensino médio. Mais tarde, pagaram do seu próprio bolso sua formação no conservatório.

Certa manhã, o pai de Johann apareceu com um velho relógio de bolso, garantindo ao meu pai que era de quartzo, com incrustações em ouro. Após um tempo pechinchando, meu pai comprou o relógio, que duas semanas mais tarde parou de funcionar, e o ouro se transformou em mero latão. Os dois ficaram um tempo sem se falar, mas meus pais continuaram apoiando Johann. Pouco a pouco, enquanto caminhávamos juntos para o conservatório, comecei a sentir algo por ele. Mas Johann só me pediu em casamento após ter terminado seu curso. Meu marido não tardou em se transformar em um dos melhores violinistas do país.

Quando contei aos meus pais que estava profundamente apaixonada por Johann, eles me aconselharam que pensasse bem antes de dar um passo em falso, pois nossas culturas eram muito distintas. Porém, no fim, o amor triunfou sobre todos os contratempos e preconceitos do mundo que nos rodeava. Naturalmente, passamos por muitas dificuldades após o casamento. As leis dos ciganos eram muito duras. Eles não gostavam de misturar seu sangue com o sangue de não ciganos, embora fossem um pouco mais flexíveis no caso dos homens. Johann foi obrigado a prometer aos meus pais que não seria um cigano nômade. Quando sua família foi embora da nossa cidade, ele veio morar com minha família. Eu me lembro dos dias anteriores ao casamento. Toda a cidade parecia em expectativa. Um dos pastores da igreja veio conversar conosco, tentando fazer com que desistíssemos do que lhe parecia uma união "contranatura", mas nós éramos felizes juntos e resolvemos seguir em frente. Quando fomos ao cartório para dar entrada nos papéis e solicitar a cerimônia civil, os funcionários nos negaram os certificados. Apenas com a intervenção do juiz (um ancião de rosto doce) foi cumprida a lei. Porém, todas aquelas lembranças e sofrimentos pareciam distantes, quase insignificantes, frente ao profundo e inquietante abismo do qual nos aproximávamos.

Na manhã seguinte, ficamos umas duas horas parados em Pruszców. Isso nos confirmou que estávamos na Polônia. A sede começava a ficar desesperadora, o cheiro de vômito, urina e fezes invadia todos os espaços, transformando o ar em algo quase irrespirável. Naquele momento, um rumor tomou conta do vagão. Havia um soldado da SS junto à única janelinha. As pessoas suplicavam por água e um pouco de comida.

— Entreguem tudo o que tenham de valor! — gritou o soldado, com uma Luger na mão.

Meu marido ajudou os passageiros a reunir relógios de pulso, anéis e outras joias, para que aquele homem nos entregasse um pouco de água fresca. Porém, um balde de água para quase cem pessoas era muito pouco. Daria apenas um gole para cada um de nós. As pessoas gemiam de sede, desesperadas, e começavam a perder os últimos traços de bons modos que tentavam manter. Quando chegou a nossa vez, Adalia foi a primeira a beber, apenas uns goles, depois os gêmeos e, por último, Otis. O mais velho me observou com seus lábios ressecados por conta da sede, depois me entregou o balde, sem beber nada. Blaz sabia que os doentes e bebês necessitavam mais do que ele. Aquilo quase fez lágrimas saltarem dos meus olhos. Eu me sentia muito orgulhosa da sua coragem: ele foi capaz de suportar a própria sede para que os demais pudessem saciar sua necessidade.

Durante a tarde do segundo dia, várias crianças apresentaram febre alta, e alguns idosos pareciam muito doentes. Estávamos quase um dia e meio praticamente sem beber água nem comer, além de termos dormido muito pouco.

A segunda noite foi ainda mais terrível do que a primeira. Um idoso chamado Roth sofreu um ataque do coração e caiu bem ao nosso lado. Não conseguimos fazer nada para reanimá-lo, e as crianças começaram a se assustar. Porém, acabamos fazendo com que voltassem a dormir.

— Quantos dias ficaremos aqui? — perguntei ao meu marido, apoiando a cabeça em seu ombro.

— Não acredito que muitos mais. O acampamento deve ser na Polônia, mas imagino que, com o andamento da guerra, ainda devem ter acampamentos para prisioneiros na Rússia — disse Johann.

Eu esperava que ele estivesse certo. Sendo enfermeira, eu sabia que as crianças, sem comida ou bebida, começariam a morrer passados dois ou três dias. Depois morreriam os mais velhos e os mais frágeis. Tínhamos apenas um dia para resistir em tais condições.

Aquela terrível situação fez com que eu me lembrasse de nossa primeira casa. Fomos morar com uns tios de Johann, que viviam nos arredores da cidade. À noite, eles deixavam que ocupássemos um quarto pequeno e úmido, mas o simples fato de estarmos juntos nos fazia tão felizes que passávamos várias noites rindo sob os lençóis para não incomodar os idosos. Certo dia, eu estava sozinha em casa, e a tia de Johann começou a me dizer que eu era uma mimada que não fazia nada. Depois de gritar e me insultar, ela me deixou na rua. Do lado de fora, caía uma forte nevasca. Esperei meu marido sentada em cima das malas, tremendo de frio e com a roupa ensopada.

Quando me viu, Johann me abraçou e tentou me esquentar um pouco. Passamos a noite em uma pensão, mas no dia seguinte procuramos uma pequena casa com cozinha e um banheiro minúsculo. Duas semanas mais tarde, Johann conseguiu uma vaga no conservatório e as coisas começaram a melhorar bastante. Deixamos de catar latas de conserva e de lutar para que os poucos marcos que tínhamos chegassem ao fim do mês.

O terceiro dia de viagem amanheceu especialmente frio. Paramos mais uma vez, e o mesmo soldado do dia anterior nos ofereceu um pouco de água em troca de mais joias e outros objetos de valor. Aquela pequena quantidade de água nos acalmou um pouco, mas logo a sede voltou a nos atacar. Cinco pessoas faleceram ao longo da jornada, embora a situação mais triste tenha sido a morte de um bebê nos braços de uma jovem cigana chamada Alice. Seus familiares pediram que ela o deixasse no canto em que tínhamos amontoado o resto de cadáveres, mas ela se aferrou ao corpo inerte do filho. Em poucas horas, eu imaginei que estaria na mesma situação. Senti meu coração se estraçalhando só de pensar em tudo isso. Lembrei-me das noites em claro, dos dias felizes que passei ao lado dos meus filhos. Eu não entendia nada. Meus filhos eram completamente inocentes, seu único delito consistia em terem um pai cigano. Aquela guerra estava deixando todo mundo louco.

A noite voltou a tomar conta do ambiente. Ao meu lado, as crianças pareciam completamente inertes, praticamente sem forças. O cansaço, a sede e a fome tinham apagado quase tudo o que restava de suas vidas, como velas a ponto de extinguir-se. Johann mantinha Adalia nos braços. Pálida e com a pele seca por conta da desidratação, ela só queria dormir.

Eu me aproximei das barras de madeira da parede e tentei olhar através de uma fresta. Pude ver uma grande estação, com uma espécie de torre central. O trem parou por alguns minutos, e as pessoas começaram a se movimentar. Depois voltou a andar, e atravessamos uma espécie de portal com pequenas dimensões. Do outro lado, havia um alambrado de arame farpado muito longo, sustentado por dezenas de postes de cimento que margeavam as vias. Potentes refletores iluminavam completamente o local, que nos pareceu imenso e desagradável, mas ao menos era um lugar para viver, um lugar para escaparmos daquele trem infernal.

As pessoas ficaram inquietas ao ver que tínhamos parado. No entanto, durante quase quatro horas, ninguém se aproximou do nosso trem. Cansados, todos foram se encolhendo uns sobre os outros, tentando se afastar o máximo possível dos cadáveres e dormir um pouco. A mãe do bebê morto era a única que permanecia entre eles, como se tivesse tomado a decisão de se deixar levar pelas sombras.

Enquanto minha família dormia, ainda que nada tranquilos, quase na fronteira da agonia, comecei a chorar em silêncio. Eu me sentia culpada por não ter previsto que a loucura nazista terminaria nos alcançando e por não termos fugido à Espanha ou à América, para nos afastarmos o máximo possível da terrível loucura que se apoderara do nosso país e de quase toda a Europa. Eu sempre quis acreditar que, algum dia, todo mundo perceberia o que representavam Hitler e seus amigos. Porém, não foi isso o que aconteceu. Todos seguiram sua loucura fanática, transformando nosso mundo em um inferno de guerra e fome.

Quando o dia decidiu surgir no horizonte, escutamos uns latidos e passos sobre o cascalho que rodeava as vias. Uns cinquenta soldados, um oficial da SS e um intérprete que repetia suas ordens em vários idiomas despertaram o trem inteiro.

As pessoas queriam abandonar aquele inferno, embora ainda não soubessem que acabariam entrando em outro ainda pior.

— Quietos — eu disse às crianças.

Elas me olharam, tranquilas. Estavam muito cansadas, embora curiosas sobre o que lhes esperava do lado de fora.

Quando o vagão esvaziou, meu marido pegou as malas. Porém, antes de descer, olhamos para os dois lados. Uma grande multidão descia rapidamente dos trens. Logo abaixo, soldados da SS e prisioneiros vestindo uniformes listrados pediam a todos, em tom cordial, que formassem filas separadas.

— Desçam, rápido! — gritou um soldado na nossa direção.

Meu marido deu um salto, depois nos ajudou a descer. Minhas pernas tremiam, e uma sensação desagradável tomava conta dos meus ossos, como se o frio daquele lugar penetrasse nos pontos mais profundos do meu ser. Os soldados da SS tinham cães e seguravam cassetetes nas mãos, mas não pareciam ter intenção de utilizá-los. A poucos metros, havia torres de vigilância e, ao fundo, umas grandes chaminés, mas a multidão só permitia que víssemos o que estava mais perto.

Fomos divididos em dois grandes grupos. As mulheres e as crianças ficaram de um lado. Do outro, todos os homens. Em um primeiro momento, tentei resistir, pois não queria me separar de Johann. Agarrei-me à sua mão, até que um dos prisioneiros se aproximou e, com voz suave, disse:

— Você o verá mais tarde. Não se preocupe, senhora.

Meu marido me passou as malas e permaneceu na outra fila. Ele nos olhava e tentava sorrir, pretendendo nos tranquilizar, mas seus lábios apertados queriam dissimular uma angústia quase insuportável.

— Para onde vão levar o papai? — perguntou Emily, que esfregava seus olhos irritados.

Eu não soube o que responder. Estava sem palavras, a dor me deixara muda, como se minha mente não conseguisse suportar aquela loucura. Limitei-me a acariciar sua cabeça e baixar os olhos, para que ela não notasse minhas lágrimas.

— Os homens de vinte a quarenta anos devem nos seguir — disse um dos oficiais da SS.

O grupo se dividiu em dois, e eu fiquei observando Johann se afastar. Como era um dos primeiros, vi suas costas largas por apenas alguns segundos, com seus cabelos pretos e encaracolados em parte escondidos no interior do colarinho da camisa. Meu marido ocupava toda minha existência havia quase 15 anos. Quando a fila começou a andar, senti como se arrancassem minhas entranhas. A vida não valeria a pena sem ele. Depois olhei para meus filhos. Eles me observavam com os olhos bem abertos, como se tentassem esquadrinhar minha alma. Nesse momento, percebi que ser mãe era muito mais do que criar filhos, que envolvia desdobrar a alma até que eu me confundisse para sempre com seus belos rostos inocentes. O grupo de homens já estava distante enquanto eu mordia os lábios para não chorar. Johann caminhava entre eles, ocultando-me seu rosto. Pedi aos céus para vê-lo uma última vez. Os soldados os empurravam e espremiam, mas Johann se atreveu a girar o corpo. Nesse momento, seus olhos se despediram de mim, tentando suprir, com suas lindas pupilas, a falta de palavras.

3

Auschwitz, maio de 1943.

Enquanto avançávamos, em filas, ao longo do imenso alambrado, meus temores ganhavam formas fantasmagóricas, que só eram interrompidas por pequenos trechos planos de um metro, onde a grama crescia entre o barro e os barracões. À nossa frente, havia uma sucessão interminável de barracões de madeira, como barcos naufragados em uma costa infinita. Entre eles, como náufragos desorientados, havia pessoas vestindo farrapos, que nos observavam com indiferença. Imaginei tratar-se de um centro de saúde mental. As cabeças raspadas, os uniformes listrados e a expressão ausente, primeiro das mulheres e depois dos homens, pareciam sinais de demência. Quem formaria aquela multidão? Por que foram levados para lá? Um cheiro adocicado impregnava tudo, e uma fumaça cinzenta escondia os primeiros e tímidos raios de sol. Ao mesmo tempo, as guardiãs nos impunham um passo marcial e não paravam de lançar ordens. Caminhamos por um bom tempo até alcançarmos uma cerca móvel. Fomos obrigados a atravessá-la. As crianças estavam exaustas e famintas, mas não nos permitiam parar a marcha nem lhes dar qualquer alimento. Ficamos quase duas horas parados na frente de um pequeno edifício de madeira tosca. Sobre ele, um cartaz em alemão anunciava: "registro".

Por fim, uma guardiã extremamente bonita, vestindo capa e uniforme oficial verde, começou a gritar ordens, obrigando-nos a entrar no edifício. Lá dentro, quatro mulheres vestidas de prisioneiras, mas com melhor aspecto do que as que vimos ao contornar o campo, entregaram um papel verde para que anotássemos nossos dados, além de uma folha branca com a ordem do Escritório Central do Reich exigindo nosso ingresso imediato no acampamento. Passei um tempo preenchendo os papéis dos meus filhos. Adalia não queria se soltar de mim, e os demais estavam agarrados ao meu sobretudo.

— Senhora, seja mais rápida. Não temos o dia todo — disse a mulher, impaciente.

Uma longa fila esperava atrás de mim. Avançamos um pouco e nos aproximamos de uma segunda mesa. Nela, homens tatuavam, em uma grande velocidade, o número que nos fora designado no papel verde. Estiquei o braço e percebi fortes espetadas, mas o prisioneiro me tatuou bem rápido.

— As crianças também — disse o prisioneiro, inexpressivo.

— As crianças? — perguntei, horrorizada.

— Sim, são as ordens — ele respondeu, encarando-me por trás de seus óculos redondos. Ele parecia um autômato, não um humano, pois não expressava qualquer emoção.

Blaz, o mais velho, esticou o braço sem reclamar, e mais uma vez eu senti orgulho dele. Em seguida, seu irmão Otis fez o mesmo, depois os gêmeos. Eles se queixaram brevemente ao sentir as espetadas, mas nenhum afastou o braço nem se negou a ser tatuado.

— O braço da menina é muito fino — comentei, apontando para Adalia.

— Vamos tatuar na coxa — respondeu o prisioneiro.

Fui obrigada a baixar suas meias brancas e deixar à mostra sua perna pálida, para que o homem tatuasse um número com um "z", de zíngaro, à frente.

Saímos do edifício e voltamos à longa fila das pessoas que esperavam frente às guardiãs para serem escoltadas ao acampamento de ciganos. Ficamos mais uma hora de pé, enquanto uma fina chuva primaveral parecia atingir nossos ossos. Felizmente, as crianças estavam tão cansadas e famintas que mal se moviam.

A guardiã mais bonita (que mais tarde descobri chamar-se Irma Grese) ordenou que começássemos a caminhar. Em longas filas, seguimos por um pequeno bosque que voltava a ficar verde após o duro inverno polonês. O contraste entre aquelas árvores tão cheias de vida e os caminhos cheios de barro do acampamento me fez pensar no caráter miserável da condição humana, capaz de destruir a beleza da natureza e transformar a terra em um lugar inóspito.

Chegamos a uma grande porta e entramos na ampla avenida que dividia em dois o acampamento cigano, chamado pelos alemães de Zigeunerlager Auschwitz. Em ambos os lados, compridos barracões funcionavam como cozinhas e armazéns, depois se seguiam uns trinta barracões, que eram as residências dos prisioneiros, os hospitais e os banheiros.

Ao que parecia, o edifício que nos correspondia estava indicado no papel que nos entregaram. Porém, estávamos tão aturdidas, exaustas e famintas que nos deixamos levar como robôs, sem saber para onde íamos ou o que fazíamos.

As guardiãs perderam a paciência e, ajudadas por algumas reclusas, começaram a arrancar de nossas mãos os papéis, empurrando-nos aos nossos barracões. Consegui reagir e, antes que uma das reclusas me golpeasse com um cassetete, comprovei que ficaríamos no barracão número quatro.

A avenida principal estava repleta de barro. Quando chegamos à nossa suposta nova residência, fiquei surpresa ao ver que, no seu interior, havia grandes poças de lama. A água entrava pelo teto e pelas paredes, que eram feitas de tábuas de madeira retorcidas e mal pregadas. O barracão era um estábulo fétido onde sequer animais se atreveriam a passar a noite. Para os nazistas, nós éramos isto: bestas selvagens, e dessa forma nos tratavam.

Aquela espécie de chiqueiro exalava um terrível cheiro de sujeira, urina e suor. A construção estava dividida em duas partes graças a um longo fogão de tijolos com mais de um metro de altura. De cada lado, havia três filas de catres, que as prisioneiras chamavam de *koias*. Em cada uma daquelas jaulas de madeira, quase vinte pessoas se apertavam. Todas deveriam dormir sobre tábuas duras, tendo como única proteção uma manta puída, em geral repleta de piolhos. Poucas tinham sacos em forma de colchão e repletos de serragem. Além disso, não havia cama para todas, e algumas prisioneiras deviam descansar sobre o lodo do chão ou recostadas à mureta que atravessava o barracão de um lado a outro.

— Tem algum lugar livre? — perguntei às mulheres que estavam sentadas na mureta que atravessava aquele hangar comprido. Elas me olharam de cima a baixo, depois começaram a rir. Nenhuma falava nosso idioma. Ao que parecia, eram ciganas russas.

Ainda segurando as malas, busquei um espaço vazio, mas todos os pontos pareciam ocupados. As crianças começaram a reclamar. Tinham passado quase o dia inteiro de pé, sem comer nada.

Uma das mulheres, a escrivã do bloco (como eram chamadas as pessoas que, todos os dias, faziam a contagem dos presos), disse-nos que havia um pequeno espaço na última fila de *koias*, ao fundo, mas que eu e meu filho mais velho deveríamos dormir no chão, até que outras ficassem vagas.

Não entendi o que ela queria dizer. Alguns catres poderiam ficar vagos? Algumas pessoas conseguiam voltar para suas casas? Pensar nisso me fez abrigar uma leve esperança de voltar a ver Johann e retomar nossas vidas. Talvez, quando a guerra terminasse, tudo voltasse à normalidade. Infelizmente, mais tarde descobri que a mulher se referia ao grande número de prisioneiros que morria todos os dias, graças às péssimas condições do acampamento ou assassinados pelas mãos dos guardas.

As crianças tentaram se deitar em suas *koias*, mas a responsável pela contagem nos disse haver horas determinadas para o descanso e também que as guardas proibiam o uso das camas antes do anoitecer.

Respirei fundo e deixei as malas no local em que meus filhos passariam a noite. O mais velho me pediu para sair. Embora continuasse chovendo, pensei que seria melhor respirarmos um pouco de ar fresco, pois o ambiente naquele barracão era realmente deprimente.

— Onde ficam os banheiros e as duchas? — perguntei à escrivã.

— São os últimos barracões do acampamento, os de número 36 e 35, mas só se pode entrar lá pela manhã e a certa hora da tarde. As duchas só podem ser usadas de manhã — comentou a mulher, com o cenho franzido, como se não gostasse de ouvir tantas perguntas. Seu forte sotaque russo arrastava as palavras, e eu não a entendia muito bem.

— Mas e as crianças? — perguntei.

— Elas devem fazer suas necessidades nos cantos dos barracões, e os adultos devem esperar a hora indicada. À noite, é colocado um balde, e as novatas devem esvaziá-lo quando estiver cheio.

Senti meu estômago se revirando só de pensar. Em uma ou duas horas, o balde transbordaria de urina, e eu teria que sair do barracão para esvaziá-lo, em plena noite gélida.

— Em meia hora todos devem estar no interior dos barracões. Depois é servido o jantar, e não é permitido sair até a manhã seguinte. Se alguém for surpreendido do lado de fora, será severamente castigado — disse a escrivã.

Eu não entendia nada. Aquelas normas me pareciam absurdas e arbitrárias. Eu trabalhava havia anos como enfermeira em hospitais e sabia ser imprescindível certa ordem para que as coisas funcionassem bem. Mas naquele lugar nada parecia seguir uma lógica.

Fui ao banheiro com as crianças. Blaz conversava com dois meninos, mas, ao me ver, deixou-os e nos acompanhou.

— Que lugar é este, mamãe? — ele me perguntou.

Eu sabia que não poderia enganá-lo. Aproveitei que seus irmãos estavam brincando com as poças, ajoelhei-me e tentei fazer com que ele entendesse a situação.

— Estamos encarcerados neste lugar por sermos ciganos. Não sei quanto tempo ficaremos por aqui, mas devemos tentar passar despercebidos. Estamos há poucas horas no acampamento, mas acho que o melhor será não chamarmos muito a atenção — foi o que eu disse a Blaz.

— Vou tentar, e vou cuidar dos meus irmãos e tentar conseguir um pouco de comida.

— Agora vamos nos limpar um pouco — comentei, acariciando seus cabelos castanhos.

Quando entramos no barracão dos banheiros, fiquei de boca aberta. O cheiro era ainda pior do que nos barracões normais. Havia uma espécie de bebedouro para animais completamente sujo e, ao fundo, uma longa plataforma de cimento com buracos, o que seria uma enorme latrina. Nós nos aproximamos do bebedouro de animais. A água era marrom-escura, com cheiro de enxofre. Eu não acreditava no que via. Como lavaria meus filhos naquela água? Aquilo era um verdadeiro foco de infecções.

— Não toquem na água! — gritei, quando Otis fez sinal de que a beberia.

— Estamos com sede — protestou Otis.

— Essa água está infectada — avisei, afastando-os do longo lavatório.

Eles me olharam desorientados. Seus rostos enegrecidos por tantos dias nos vagões de carregar gado, sua pele desidratada, suas olheiras profundas e seus corpos enfraquecidos pela fome me deixaram sem palavras. Eu queria acordar daquele pesadelo, mas não poderia me render. Pensei nisso enquanto tentava controlar a raiva. Pela primeira vez na minha vida, fiquei sem saber o que fazer ou o que dizer.

Voltamos ao barracão já no fim da chamada hora livre. As pessoas começavam a entrar e, em poucos minutos, a grande avenida central ficou completamente deserta.

Seguimos ao local que nos fora designado e resolvi tirar os pijamas das malas. Estranhei ao vê-las abertas e, ao levantar a tampa, percebi restarem poucas roupas lá dentro. A pouca comida que tínhamos, os casacos e o resto de nossos pertences tinham desaparecido. Não consegui resistir e chorei. Tudo o que nos restava era o que vestíamos e a comida que nos entregariam aquela noite.

Às minhas costas, escutei umas risadas e fiquei furiosa. Uma das mulheres escondia, debaixo de sua manta, a camiseta de um de meus filhos. Com dois passos largos alcancei sua *koia* e ergui a manta.

— O que você está fazendo, alemã? — gritou a mulher, com forte sotaque.

— Isto é meu — respondi, puxando a camiseta.

A outra mulher puxou meu coque e, quando tentei afastar suas mãos, a primeira me deu um soco na cara. Uma das vigilantes do barracão se aproximou. Elas eram as responsáveis pela manutenção da ordem lá dentro, como os *kapos* do lado de fora.

— Quietas! — disse a mulher, que me puxava para trás.

— Elas me roubaram! — gritei, furiosa.

— Isso não é verdade — respondeu uma das mulheres. — Essa maldita nazista quer causar problemas.

— Ela está falando sério? — perguntou a vigilante.

— Não! Elas roubaram tudo o que eu tinha — retruquei, enfurecida.

— É a sua palavra contra a delas. Volte à sua cama e não cause problemas. Caso contrário, informaremos ao *Blockführer*, que a castigará. Você é mãe, tente não se envolver em conflitos com as outras internas — disse a vigilante, empurrando-me ao meu catre.

Voltei à minha cama com o rosto dolorido, sentindo-me impotente, mas sabendo que aquela mulher estava certa. Dez minutos mais tarde, duas prisioneiras entraram carregando um imenso recipiente com pão preto, cujas pequenas fatias rançosas tinham sido feitas, sobretudo, com pó de serra, uma colherada de manteiga e um pouco de compota de beterraba. Supostamente, aquilo deveria nos alimentar até a manhã seguinte. As prisioneiras e as crianças rapidamente formaram uma fila, com pequenas panelas nas mãos. Uma mulher me passou um recipiente no qual eu deveria comer com meus filhos. Fui uma das últimas a receber a porção. Quando viram o que eu trazia, as crianças hesitaram por alguns segundos, mas estavam tão famintas que não demoraram um minuto para comer tudo. Eu preferi lhes oferecer minha pequena parte. Fazendo isso, eu sabia que os alimentaria um pouco mais, talvez o suficiente para que resistissem até a manhã seguinte.

A claridade começou a minguar rapidamente. Dentro dos barracões não havia luz elétrica e, quando anoitecia, todos tínhamos que nos deitar e tentar dormir. Do lado de fora, a chuva cessara, mas a água entrava pelas paredes e pelo chão. Tirei as botas da minha filha mais nova e pedi ao seu irmão Blaz que as vigiasse. Depois, ajudei os gêmeos para que se deitassem ao lado dela. Ao lado deles, quatro mulheres os apertaram até que suas costas ficaram coladas à madeira úmida da parede. Logo depois, Otis subiu na cama, encaixando-se entre as mulheres e seus irmãos, conseguindo abrir mais espaço, mesmo sob o protesto das incômodas vizinhas. Quase não havia luz no interior do barracão, apenas o suficiente para observar, por alguns segundos, os rostos dos meus quatro filhos mais novos. Eles pareciam em paz, mesmo rodeados de tanto horror, e eu prometi fazer o impossível para que sobrevivessem. Depois, cobri-os com a manta e olhei para meu filho Blaz, que subira na mureta com a outra manta.

— Mamãe, vamos descansar, amanhã sem dúvida tudo estará um pouco melhor — disse ele, sorridente.

E nos abraçamos, tentando nos equilibrar para não cairmos na lama. Blaz dormiu quase instantaneamente. Eu escutei sua respiração pausada, depois percebi as últimas queixas e protestos das prisioneiras e de seus filhos. Estávamos em um estábulo pestilento, cercados de desconhecidos. Meu marido Johann tinha desaparecido, e o futuro parecia tão incerto que eu só tive forças para fazer uma breve oração pela minha família. Eu não entrava em uma igreja havia quase sete anos, mas conversar com o vazio inexorável daquele hangar parecia a única forma de abrigar uma pequena esperança em meu peito. Meus pensamentos tinham dificuldade para fluir. A fome, o temor e a angústia asfixiavam minha mente, como se viver naquele acampamento fosse o mesmo que tentar respirar sob as águas. Mais uma vez, eu me lembrei do lindo rosto do meu marido, daqueles olhos que diziam tantas coisas. Sim, eu voltaria a ver o meu homem. Ele nunca me deixaria só, nem mesmo no inferno. Johann, como Orfeu, que atravessou o submundo para resgatar sua esposa, voltaria para me arrebatar dos braços da própria morte, embora aquela noite eu tenha imaginado que sofreria o mesmo que Eurídice, pois meu amado permaneceria do outro lado do rio Estige. A vigília se tornou eterna, sem qualquer sonho, e eu me sentia arrasada pelo temor e pela incerteza, mas determinada a não me render. Meus filhos seriam minha fortaleza, até que Johann viesse nos buscar.

4

Auschwitz, maio de 1943.

Minha chegada a Auschwitz não poderia ter começado pior. Eu ainda não tinha entendido que a única regra reinante no acampamento era a de sobreviver a qualquer custo, sem esperar muita ajuda de ninguém. As mães se agarravam ao menor pedaço de pão para alimentar seus filhos famintos, os homens lutavam pelos melhores postos de trabalho, com a esperança de sobreviver mais um dia. As guardiãs e os membros da SS tentavam tirar proveito da nossa situação das formas mais cruéis e sádicas possíveis. A lógica de Auschwitz não poderia ser comparada à que funcionava do lado de fora das cercas eletrificadas.

Eles nos despertaram à primeira hora da manhã, quando ainda restavam duas horas para o amanhecer. Tínhamos de nos vestir com pressa, sair do barracão de maneira organizada e aproveitar os poucos minutos nos quais podíamos entrar nos banheiros. Para mim, não foi fácil preparar meus cinco filhos rapidamente, mas o mais velho me ajudou com Adalia, enquanto eu terminava de preparar os gêmeos. Nossos sapatos patinavam no barro enquanto corríamos em direção aos banheiros. Esperamos um pouco, sob a chuva, até chegar a nossa vez. Primeiro, levei as crianças para fazerem suas necessidades, mas tínhamos bebido tão pouco líquido e comido tão pouco que eles não conseguiram evacuar nada. Depois, resolvi limpar seus rostos e mãos com a água gelada que saía dos bebedouros de animais que usávamos como lavabo.

— Não bebam nem um gole de água — avisei.

E ninguém precisaria ser enfermeira para saber que aquela água não era potável.

Mal tínhamos nos limpado quando os *kapos* nos empurraram, para que déssemos passagem aos seguintes.

Quando saímos à grande avenida, com as mãos e o rosto ainda úmidos, notamos o frio da manhã polonesa. Eu não queria nem pensar em como seriam as temperaturas no outono e no inverno, quando os termômetros ficavam abaixo de zero grau.

Aproveitando a volta ao barracão, tentei observar algo mais nas construções do acampamento e seus arredores. Vistos pelo lado de fora, todos os barracões pareciam iguais, menos os mais próximos dos banheiros, o chamado "Sauna" e um barracão próximo, cuja função eu desconhecia. Os barracões 24 e 30, aparentemente, eram pavilhões hospitalares para homens e mulheres. Pensar que eles se preocupavam com nossa saúde me tranquilizou um pouco, e cogitei me oferecer como voluntária para trabalhar em um deles, já que isso poderia melhorar minha posição no acampamento. O restante dos barracões era para residentes, exceto os primeiros, que albergavam os escritórios. Neles, viviam os *kapos*, com muito mais comodidade do que os demais prisioneiros.

Fomos obrigados a permanecer enfileirados por mais de uma hora, até que decidiram fazer a contagem matinal, comprovando que não faltava ninguém. Logo depois, entramos em nosso barracão e pegamos o único recipiente que nos tinham oferecido na noite anterior. Duas das ajudantes de cozinha repartiram um líquido negro e malcheiroso que chamavam de café. Eu me aproximei de uma delas e perguntei:

— Não tem leite para as crianças?

A mulher me olhou e, virando o rosto para a companheira, comentou, em tom de zombaria:

— A marquesa quer leite para seus príncipes. Lamento, mas o sangue azul não gera preferências neste lugar.

O restante das mulheres do barracão começou a rir. Eu peguei o café e voltei para perto dos meus filhos.

Eles tomaram o café em pequenos goles. Beber algo quente pelo menos nos aqueceu um pouco e enganou a fome durante algumas horas. Só nos restava pouco mais de meia hora livre, e preferi sair a permanecer mais tempo naquele local imundo. Nós nos aproximamos dos barracões da entrada. Lá funcionavam os escritórios, o armazém e as cozinhas. A maior parte dos empregados eram delinquentes comuns, embora existissem alguns ciganos. Tentei me aproximar de uma das mulheres do escritório, mas, ao dar um único passo, uma das guardas se colocou à minha frente.

— Aonde você pensa que vai? — ela me perguntou, movendo seu cassetete.

— Eu queria fazer uma pergunta — respondi, encarando-a diretamente nos olhos. Instintivamente, meus filhos se colaram ao meu corpo.

— Isto não é um acampamento de verão. As instalações não são confortáveis? Gostaria de fazer uma sugestão ao nosso cozinheiro quanto ao menu? Volte ao seu barracão, sua puta maldita — disse ela, batendo na minha cara.

Meu sangue começou a jorrar com força da ferida, empapando meu vestido. As crianças começaram a gritar de medo, mas Blaz deu um passo à frente, tentando me defender.

— Não, Blaz — pedi, afastando o restante das crianças.

— Leve suas crias ao seu devido lugar e nunca mais apareça por aqui. Entendido?

Voltei ao barracão chorando e com o rosto ensanguentado. Fomos direto ao nosso canto, de onde só saímos quando trouxeram a comida. Minha mente estava completamente bloqueada. Eu não parava de repetir para mim mesma que precisava reagir, mas meu corpo não respondia. Precisava fazer isso em nome dos meus filhos. Embora estivesse perdendo a vontade de lutar, eles tinham uma vida inteira pela frente.

— Mamãe, depois eu saio e tento encontrar. Com certeza deve haver alguém disposto a nos socorrer — disse meu filho mais velho.

Acariciei seus cabelos sujos, notando algo que parecia piolho. Em poucas horas, percevejos, pulgas e piolhos nos torturavam sem piedade. Blaz sempre fora um bom menino, responsável e carinhoso. Só tinha olhos para mim. Ele seria capaz de qualquer coisa por nós, mas eu tinha medo que pudesse ser maltratado ou mesmo morto.

— Não faça nada. Este lugar é muito perigoso. Alguma coisa acabará acontecendo. Deus nunca abandona seus filhos — comentei.

— Em um lugar como este, acho que devemos dar uma ajudinha a Deus — respondeu Blaz, muito sério.

Caí no sono logo depois, e nenhuma das guardiãs me incomodou. Por alguns segundos, sonhei com Johann e com nossos primeiros anos de casados. Éramos profundamente felizes, mesmo sendo rejeitados por muita gente. Por isso, nós nos mudamos para Berlim, onde ninguém se escandalizava com nada, muito menos com um casal formado por uma mulher ariana e um cigano. Naquela época, meados dos anos trinta, a capital era um polo de atração para todos os que queriam escapar da miséria do pós-guerra e da crise econômica. Em nossa cidade, após o regresso inesperado das penúrias econômicas, ninguém queria ver um cigano ocupando o posto de um "bom alemão". Muitos ciganos tinham lutado na Grande Guerra. O pai de Johann fora condecorado com a Cruz de Ferro por salvar um oficial ferido e levá-lo do *front* a um hospital de campanha, mas nada disso importava quando não restava nada a ser repartido. Meu primogênito já tinha nascido, e o bom coração de uma panamenha, casada com um jamaicano, permitiu que o menino tivesse leite e continuasse vivo. O sonho de uma sociedade mais justa, assumido pela República de Weimar, transformara-se em pesadelo.

Ainda tenho fresco em minha memória o dia em que Johann chegou em casa com umas laranjas. Era Natal e, naquela noite, não tínhamos nada para comer além de batatas cozidas e duas salsichas. Saboreamos as laranjas com um pouco de açúcar. Meu marido passou os gomos pelos lábios do meu filho e ficou rindo ao vê-lo chupar a fruta como se fosse o manjar mais saboroso do planeta.

A fome constante nos faz sonhar ininterruptamente com comida. A chegada do almoço me despertou, e saímos em busca da miserável ração do meio-dia, que não passava de uma sopa repugnante e muito líquida. Ofereci tudo aos meus filhos, não experimentei nada. Eu estava havia quase três dias sem comer, começava a perder minhas forças. Precisava buscar uma maneira de sobreviver, pois em poucos dias talvez não conseguisse seguir cuidando dos meus filhos, e eles não resistiriam uma única semana sozinhos.

Após a sopa, saímos para passear um pouco. Dessa vez, não seguimos em direção à entrada, sobretudo após meu encontro com a tal guardiã. Percorremos os barracões até os banheiros. Quando passamos em frente ao 14, escutei várias pessoas falando alemão. Era a primeira vez que escutava prisioneiros se comunicando no meu idioma. Eu me aproximei com cautela. As crianças permaneceram ao meu lado, exceto Blaz, que queria explorar o acampamento sozinho.

— Alemãs? — eu me atrevi a perguntar a duas senhoras com bebês nos braços.

As mulheres me observaram, surpresas. Eu não saberia dizer se por conta do meu aspecto ariano, pela ferida no meu rosto ou pela prole de crianças que me acompanhava. A mais velha fez um gesto para que me aproximasse. Logo depois, eu me agachei à sua frente e ela passou uma das mãos sobre o meu rosto. Aquela simples carícia me fez começar a chorar. Um simples gesto de carinho, no interior daquele inferno, era o melhor presente que poderíamos receber.

— Meu Deus, o que aconteceu com você? — perguntou a mais velha, quase em sussurros.

— Uma guarda me bateu quando me aproximei dos escritórios — respondi.

— Deve ter sido a sádica chamada Maria Mandel ou a fera conhecida como Irma Grese. As duas são as piores bestas de Birkenau.

— Estamos em Birkenau? — perguntei.

— Sim, estamos em Birkenau, embora também seja conhecido como Auschwitz II. Mas você não é cigana — disse a senhora.

— Não, mas meu marido e meus filhos são. Eles queriam trazê-los sem mim, mas eu não poderia deixá-los para trás. Sou a mãe deles — respondi, muito séria.

— Cadê o seu marido? — perguntou a outra mulher.

— Fomos separados ao chegar. Acho que ele foi levado a um grupo de trabalho — respondi.

— Estava doente ou muito magro? — perguntou a mais velha.

— Não. Na verdade, estava forte e saudável — respondi, não entendendo a pergunta.

— Tem certeza? — ela insistiu.

E só entendi sua pergunta quando descobri o que faziam com os doentes, as crianças e os idosos do outro lado da cerca.

— Sendo assim, não se preocupe. As pessoas que trabalham recebem um pouco mais de alimento e podem sair daqui para as fábricas — disse outra mulher.

— Onde você foi alojada com as crianças? — perguntou a idosa, que continuava com a mão sobre o meu rosto.

— No barracão número quatro.

— Meu Deus, com as russas! Aquelas feras foram tão maltratadas que perderam completamente seu caráter humano. Vocês precisam sair de lá o mais rápido possível — disse a idosa, assustada.

— Mas como? — perguntei, desesperada.

— Vamos conversar com a decana do nosso barracão. Somos muitas por aqui, mas por sermos alemãs não vivemos tão apertadas quanto o resto das prisioneiras, poderíamos abrir um espaço. Ela vai apresentar uma solicitação ao encarregado da SS. Normalmente, quando a petição é nossa, costumam aceitar sem problemas. Vocês passarão essa noite por lá, mas espero que amanhã sejam trazidos ao nosso barracão. Não falem com ninguém nem se metam em confusão. Aquela gente é muito perigosa — avisou a idosa.

As palavras daquela mulher me deixaram inquieta, mas, ao mesmo tempo, me animaram. Tivemos a desgraça de termos caído no pior lugar do acampamento cigano, mas as coisas pareciam perto de melhorar.

Uma das idosas me entregou seu bebê e entrou no barracão, saindo com um pedaço de esparadrapo e uma atadura. Ela limpou meu rosto com álcool, depois tapou minha ferida.

— Uma de nossas amigas, de nacionalidade polonesa, é enfermeira. Não temos muito material de enfermaria, mas ela nos trouxe algumas ataduras para as crianças — disse a mulher.

— Eu sou enfermeira — comentei.

— Graças aos céus! Essa gente precisa de muita ajuda no hospital. Eles são poucos e quase não têm remédios — comentou a mulher.

Fiquei um bom tempo conversando com as duas senhoras. Era a primeira vez que me sentia novamente em contato humano. Meus filhos começaram a brincar com algumas crianças do barracão. Teríamos de passar mais uma noite junto àquela gente do barracão quatro, mas alguém finalmente nos acolhera em Birkenau.

Quando a decana do barracão 14 chegou, ela anotou meus dados, passou-os à secretária, que os levou ao escritório. O fato de ser enfermeira facilitaria a aceitação do meu pedido de traslado. Além disso, existia um acordo não escrito no acampamento de que os presos alemães deveriam receber um tratamento um pouco melhor, a menos que fossem judeus. Nesse caso, o rigor era praticamente o mesmo.

— Temos mais sorte que os pobres judeus — comentou a idosa.

— Por quê? — perguntei, estranhando. Os ciganos não pareciam ter muitas comodidades em Auschwitz.

— Eles são separados assim que chegam. O único acampamento judeu de famílias é o tcheco. Nos demais, homens e mulheres são divididos, e as crianças, mães e idosos desaparecem. Ninguém sabe o que se faz com eles, é possível que sejam levados a outros acampamentos — comentou a idosa.

A outra mulher franziu o cenho e, com um sussurro, nos disse:

— Algumas pessoas acreditam que são mortos e queimados.

— Não diga isso, que nos traz mau agouro — respondeu a idosa, fazendo o sinal da cruz.

— Quando vêm tomar banho na Sauna, alguns *Sonderkommandos* nos dizem isso. Algo me diz que existe um cigano entre eles. Ao que parece, todos os corpos são queimados em fornos.

— Isso é fofoca. Os nazistas não seriam capazes de tanta crueldade. Até o maldito Hitler deve ter tido pai e mãe — retrucou a idosa, furiosa.

— Esse filho do *Beng*, o pai dele é Satanás! — respondeu a outra mulher.

— Não acredito que cheguem a tal extremo — comentei, falando às duas mulheres. Naqueles anos, eu vira muitas coisas, mas a crueldade humana tem seus limites, ou pelo menos era isso o que eu pensava no momento.

Voltamos ao barracão pouco antes do jantar, depois de passarmos rapidamente pelos banheiros. Em silêncio, comemos um pedaço de pão negro e compota, depois os mais novos foram dormir. As crianças estavam exaustas. Eram muitas emoções e pouca comida para nos mantermos com energia àquela hora da tarde. Quando a escuridão chegou por completo, Blaz me contou o que descobrira, e eu revelei minha conversa com as idosas.

— Parece que o acampamento da direita é o hospital do campo inteiro. O lado oposto é um acampamento de homens judeus. Por isso, todas as manhãs, eles saem bem cedo para trabalhar nas fábricas dos nazistas — meu filho me explicou.

— Espero que amanhã a gente seja transferido para o novo barracão. Não acredito que seja muito melhor do que este, mas pelo menos as pessoas parecem mais amáveis — comentei, sem conseguir pensar em outra coisa.

— Eu conheci algumas crianças e observei um pequeno galpão próximo às oficinas — disse Blaz, seguindo em frente com seu relato.

— Eu proibi que você se aproximasse dessa área — retruquei, nervosa. Depois da experiência daquela manhã, eu sabia que estar perto dos guardiões ou do pessoal da SS era muito perigoso.

— Não se preocupe, eu não me aproximei tanto. Apenas o suficiente para ver o barracão da SS, logo atrás do depósito. Eles passam um tempo por lá, fumando e bebendo, e eu vi alguns deles com meninas do acampamento — comentou meu filho.

— Não quero que você volte lá. Pode ser muito perigoso — adverti.

E dormimos entre as queixas, gemidos e tapas das presas.

Fazia muito frio na manhã seguinte. O céu estava claro e caíra uma forte geada. O teto do barracão mal conseguia deter o frio que vinha do ambiente gélido exterior. Nós nos arrumamos depressa, e eu nutria a esperança de que fôssemos transferidos ao barracão dos alemães naquele mesmo dia. Vestidos e de café tomado, voltamos ao barracão. As crianças estavam mortas de frio. Tremiam sem parar, embora tentássemos nos aquecer uns nos outros. Porém, as poucas calorias em nossos corpos não eram suficientes para combater as baixas temperaturas.

Uma das russas mais agressivas se aproximou de onde estávamos e, apontando uma espécie de furador, me disse:

— Marquesa, eu preciso dos seus casacos. Meus filhos estão passando frio.

Eu me levantei, perdida, pois não queria me envolver em um incidente capaz de prejudicar minha saída daquele barracão. No entanto, não poderia permitir que alguém tirasse os casacos dos meus filhos.

— Eu adoraria poder ajudar, mas meus filhos também estão com frio. Peça casacos novos à direção do acampamento — sugeri, olhando-a diretamente nos olhos.

Duas amigas da mulher se postaram ao seu lado. Lutar contra três mulheres, uma delas armada, não seria uma ideia muito inteligente.

Blaz ficou de pé e, rapidamente, passou entre as mulheres e saiu do barracão. Ninguém foi capaz de detê-lo, e ninguém se atreveria a sair do edifício àquela hora.

— Para onde pode ter ido o seu fedelho? Em pouco tempo ele voltará, moído de tanta porrada. Mas é isso o que merece gente como você, gente que acredita que coisas ruins nunca acontecem, gente que acredita que nós merecemos todas as desgraças da vida.

— Eu não quero problemas. Todos estamos aqui injustamente. Poderíamos sair desta se nos ajudássemos. Porém, se nos comportarmos feito animais, os nazistas vão nos eliminar num piscar de olhos — tentei explicar.

A mulher ergueu sua ferramenta, que começou a mover de um lado a outro. Eu a segui com o olhar, depois tirei meu sobretudo e o enrolei no braço direito. Meu marido me explicara como os ciganos lutam com suas navalhas. A russa me olhou, um pouco surpresa, como se minha reação a fizesse duvidar, mas continuou nos ameaçando. Eram três contra uma, elas sabiam que eu não resistiria por muito tempo.

As crianças choravam atrás de mim; o único que se mantinha tranquilo era Otis, que se postara a meu lado, como se pudesse me ajudar a resistir àquelas três feras.

Ao nosso redor, o resto das prisioneiras começou a criar um semicírculo junto aos seus filhos, pois não queriam perder nenhum detalhe da briga. Meu coração batia a mil por hora. A pouca vitalidade que me restava se intensificou naquele momento, pois eu precisava resistir àquelas mulheres. Não poderia permitir que me humilhassem novamente. Os casacos eram a única barreira dos meus filhos frente à certeza da morte.

— Se não for por bem, será por mal — disse a mulher, lançando o primeiro golpe com sua ferramenta.

Consegui me esquivar e, com meu outro braço, atingi seu ventre. A russa se dobrou de dor, mas as duas outras saltaram em cima de mim e puxaram meus cabelos, atirando-me contra o chão lamacento. A russa aproveitou para se sentar sobre meu peito e apontar a ferramenta à minha garganta. Otis atingiu uma das mulheres, mas um forte empurrão o mandou de volta à cama.

— Seus filhotes vão ficar sem mãe, mas isso não importa. Mais cedo ou mais tarde, eles morreriam mesmo. Pessoas como você não sobrevivem muito tempo em lugares como este.

Tentei me levantar, mas as duas mulheres agarravam meus braços, e a terceira estava sentada sobre o meu peito. Pensei em suplicar, mas não teria adiantando nada, pois aquelas russas não passavam de feras selvagens.

Nesse momento, Blaz apareceu na porta do barracão com várias pessoas. Os ciganos do 14 tinham vindo em bando nos ajudar.

— Russas, deixem a *gadyí* em paz! — gritou a idosa que eu conhecera no dia anterior.

As três mulheres ficaram de pé, desafiadoras, mas ao comprovar que uma dezena de homens e mulheres entravam no barracão armados com navalhas, instrumentos de corte e outras armas caseiras, limitaram-se a abrir caminho e permitir que os alemães me salvassem.

— Pegue suas coisas, já autorizaram sua mudança para nosso barracão — disse a idosa, sorridente. — Jamais toquem nesta mulher. Caso resolvam se aproximar dela novamente ou tentar qualquer coisa, não vamos parar até que todas estejam mortas. Entendido?

As russas pareciam amedrontadas com as palavras daquela senhora. Peguei minhas poucas posses e saí do barracão com meus filhos. Os ciganos me rodeavam como se fossem minha escolta pessoal, depois nos levaram ao seu barracão sem que nenhum *kapo* dissesse nada. Sua influência no acampamento era grande, e ninguém ousaria se meter com eles. Logo depois, a idosa me mostrou a *koia* onde poderíamos dormir. A construção parecia mais bem isolada contra o frio do que a outra, além de ser mantida mais limpa e menos abarrotada de prisioneiros. Não era o paraíso, mas um pouco menos próxima do inferno do que nossas primeiras horas em Auschwitz.

Após ter deixado as coisas em nosso pequeno espaço, notei que minha vista se enevoava. Quando tentei me sentar, acabei desabando no chão. Ao recuperar a consciência, notei que várias mulheres estavam ao meu redor, e outras tranquilizavam meus filhos.

A idosa me colocou em seu colo e, ao ver que eu abria os olhos, perguntou-me:

— Minha menina, há quanto tempo você não come?

Ela me ofereceu uma espécie de salsichão um pouco passado. Dei algumas mordidas, mas logo pedi que o entregasse às crianças.

— Eles comerão algo mais tarde. Se você não comer nada, eles não terão uma mãe que cuide deles e serão enviados ao barracão 16, onde ficam todos os órfãos, crianças que não costumam durar muito tempo vivas.

Dando pequenas mordidas, comi o resto do salsichão como se fosse o mais suculento dos manjares. Havia dias que eu não levava nada à boca. Logo notei minhas forças se recuperando. Depois me ergui um pouco e olhei para meus filhos. Eles estavam brincando com outras crianças do barracão, pareciam tranquilos e com uma expressão melhor no rosto.

— Aqui, vocês ficarão bem. Não podemos oferecer luxos, mas ajudamos uns aos outros. Amanhã, você começará a trabalhar no hospital. Os médicos ficaram muito felizes ao saber que temos uma enfermeira nova no acampamento — disse a idosa, sorridente.

Aos meus ouvidos, aquilo pareceu música celestial. Em um lugar como Auschwitz, ter uma função poderia nos livrar da morte certeira.

— E quem cuidará dos meus filhos? — perguntei, inquieta.

— Não se preocupe, nós cuidaremos deles. Temos muitos doentes entre nós, você nos pagará com sua ajuda — respondeu a mulher.

— Qual é o seu nome? — perguntei à idosa, pois até então não sabia.

— Anna. Anna Rosenberg. Mas pode me chamar de vó.

Naquela noite, dormi bem pela primeira vez. De certa maneira, recuperei um pouco da esperança. Passaria a fazer parte de uma comunidade, e aquelas pessoas me protegeriam. Minha única preocupação naquele momento era averiguar onde fora parar meu marido. Estava sem notícias dele havia muito tempo. Algumas mulheres me disseram ser muito difícil entrar em contato com quem vivia fora do nosso acampamento, mas eu não queria perder as esperanças. Muitas vezes, quando a realidade arranha nossa alma, o melhor a fazer é tentarmos nos entregar às ilusões. Por isso, quando fechei os olhos, tentei imaginar como seria nossa vida quando tudo aquilo chegasse ao fim. Ele voltaria à filarmônica, nossos filhos estudariam na universidade e compraríamos uma pequena casa nos arredores de Berlim. Depois, chegariam os primeiros netos e poderíamos brincar ao lado deles próximo à lareira, com a neve caindo lentamente do lado de fora, cobrindo tudo de branco.

5

Auschwitz, maio de 1943.

O único desejo que se concretizou, entre os que imaginei naquelas longas noites sem dormir, foi o de ver um manto de neve cobrindo o lodo de Birkenau. Ninguém esperava por isso no fim de maio, mas a neve surgiu sem avisar, ceifando um bom número de vidas indefesas, que foram liberadas para sempre da dor e do sofrimento graças à dama branca. Nas semanas seguintes, o trabalho foi extenuante. Os nazistas mantinham escrito, na entrada no campo, *Arbeit macht frei*, segundo me contaram algumas veteranas que passaram um tempo vivendo nos velhos quartéis do exército polonês que compunham Auschwitz I. A cada dia, dezenas de pessoas passavam pelas camas do hospital, e a maior parte falecia após duas ou três jornadas. Nós, os membros da equipe sanitária, não dispúnhamos de remédios, muito menos de material cirúrgico nem nada que pudesse aliviar a dor dos doentes.

Eu trabalhava ao lado de uma enfermeira polonesa chamada Ludwika, sob as ordens do doutor Senkteller. A enfermeira era de origem judia e atravessara um longo calvário, passando por vários guetos, até chegar ali. Seu rosto refletia, mais do que qualquer outro, a insensibilidade com que Auschwitz era capaz de nos contagiar. O doutor Senkteller ainda não parecia rendido, lutando contra o acampamento a fim de conseguir alguns remédios e melhores condições aos seus pobres pacientes. Ambos eram excelentes profissionais e pessoas, mas, sem material cirúrgico ou remédios, não podiam fazer quase nada para combater a gangrena, o tifo, a malária, a disenteria ou as diarreias surgidas por conta da má alimentação e da falta de higiene dos presos. O tifo era a doença que mais preocupava lá dentro. Os casos tinham se multiplicado, sobretudo após a chegada de uma série de ciganos tchecos, e a única maneira de prevenir a propagação da doença seria a desinfecção total dos barracões. Tal medida foi proposta pelo novo médico-chefe do acampamento, o doutor Mengele.

Durante um tempo, estivemos sob a supervisão do doutor-chefe Wirths, mas Birkenau estava repleta de trabalho, e enviaram novos médicos, vindos de Berlim. O doutor-chefe Wirths era filho e irmão de médicos. Em poucas ocasiões, mostrava algo de humanidade, embora quase sempre seu rosto fosse amável, em uma tentativa de que suas cobaias não ficassem muito nervosas. Segundo o doutor Senkteller, em certa ocasião, Wirths fez uma intervenção sem anestesia na frente do seu irmão Eduard. Um paciente de Auschwitz tinha vários tumores malignos, e o doutor-chefe torturou o pobre moribundo sem mostrar qualquer traço de compaixão. Muitos prisioneiros sofriam ataques de pânico quando nos aproximávamos com nossas batas brancas. Para eles, não passávamos da personificação da dor e de uma longa agonia.

A equipe médica não parava de falar sobre o novo administrador do hospital do *Zigeunerfamilienlager*. O doutor Mengele era um jovem com pouco mais de trinta anos, um homem que fora ferido no *front* russo. No primeiro dia que o vi, ele me pareceu charmoso, de trato cordial e agradável, sempre sorridente, especialmente com as crianças. Era diferente dos demais nazistas de Auschwitz, que pareciam mensageiros da morte com seus uniformes cinzentos ou negros, ceifando os campos da Polônia com suas foices.

As normas sanitárias do novo médico-chefe do *Zigeunerfamilienlager* não poderiam ser mais radicais. No fim de maio, começaram a ser realizadas as desinfecções previstas para os barracões, e eu fui a supervisora da desinfecção feita no barracão 14, onde morava com meus filhos. Foram dias especialmente duros para o acampamento. O frio de Birkenau era muito úmido, capaz de atingir o tutano dos ossos, e nada poderia impedir o tremor de nossos corpos.

Naquela gélida manhã, os *kapos* e escriturários foram encarregados de tirar todos dos barracões. As famílias corriam de um lado a outro, ainda não completamente vestidas, já que os guardas não permitiam que levassem nada de suas camas. Os prisioneiros saíam completamente nus e, depois, à base de pancadas, eram obrigados a entrar em uma banheira cujo líquido desinfetante queimava a pele. Eu me lembro de ver uma mulher chamada Ana, com um bebê nos braços. O corpo nu da criança estava rosado por conta do frio, mas eles não permitiam que fosse vestido. Ela chorava e suplicava, e uma das guardiãs acabou arrebatando o bebê de seus braços. O coitado mal se movia por conta do frio, adormecido pela fragilidade. A guardiã o submergiu no líquido desinfetante, de onde o bebê saiu meio afogado e com a pele abrasada, depois o entregou à mulher. A jovem mãe gritava de dor, com o filho agonizante nos braços. As guardiãs e os *kapos* não queriam saber se eram idosos, mulheres ou crianças — todos passariam pela desinfecção. Em seguida, raspavam seus cabelos e barbas. Depois os mantinham nus, no meio da neve, até que pudessem ir aos banheiros, para se limpar um pouco e vestir suas roupas. Os barracões foram limpos, mas voltaram a estar repletos de todo o tipo de parasitas em poucos dias. Aquela cruel e brutal desinfecção fora completamente inútil.

Pouco mais tarde, no dia 25 de maio, quando surgiram novos casos de tifo, o doutor Mengele reuniu todos os médicos e enfermeiras no barracão 28, onde viviam os profissionais de saúde, exceto eu, que continuava no barracão 14, com meus filhos. Passados os primeiros dias de intervenção, todos aprendemos a temer o oficial da SS. Mengele apoiou as mãos na cintura, franziu o cenho e anunciou:

— O tifo voltou a se espalhar, e os barracões 9, 10, 11, 12 e 13 estão infectados. Não podemos permitir que a epidemia se propague. As últimas medidas de desinfecção não surtiram o efeito desejado. Por isso, determinei que sejam eliminados todos os membros dos barracões de número 8 a 14.

As palavras de Mengele nos deixaram boquiabertos e horrorizados. O sofrimento dos dias anteriores não servira para nada. O que ele queria dizer com "eliminar"? O que aconteceria com os prisioneiros de todos aqueles barracões? Ninguém disse nada. Não se atreveriam a contradizer um oficial da SS, pois estavam cientes de que isso poderia significar a morte imediata.

Assim que parou de falar, Mengele se virou de costas, indicando que a reunião terminara. Pouco a pouco, todos os meus colegas saíram do recinto, mas eu não me movi, esperando para ficar sozinha com o oficial. Ludwika puxou minha bata branca para que eu saísse, mas permaneci na sala.

O doutor deu meia-volta e me viu de pé, com a cabeça baixa. Mengele pigarreou, como se estivesse impaciente para me ouvir.

— *Herr Doktor*...

— O que a senhora quer? Seu número é...?

— Sou a enfermeira Helene Hannemann. Meus pais são alemães, e eu estudei na Universidade de Berlim.

— A senhora é alemã? Imagino que seja judia.

— Não, *Herr Doktor*. Sou ariana, assim como toda minha família.

— Presa política, então?

— Não, estou aqui para cuidar dos meus filhos. Meu marido é cigano, e a polícia considerou que meus filhos deveriam vir com ele, mas eu não poderia consentir que ficassem sem sua mãe — disse ao oficial.

— Lamento, mas não tenho tempo para histórias comoventes. Estou aqui para salvar o acampamento da extinção. Essa praga de tifo acabará com todos nós em poucas semanas se não forem tomadas medidas drásticas.

O doutor parecia adivinhar o que eu queria pedir. Apesar de seus modos amáveis e seu amplo sorriso, ele deixava transparecer a ferocidade de um oficial da SS.

— O senhor disse que eliminará todos os membros dos barracões 8 a 14. Isso supõe mais de 1.500 pessoas inocentes — comentei, com um tremor na minha voz.

— Será um mal menor. Caso contrário, morreriam os mais de vinte mil zíngaros do acampamento — ele me respondeu, seco.

— Os barracões 8 e 14 não foram infectados... — comentei, titubeante.

— Porém, estando tão perto dos outros, sem dúvida apresentarão algum caso de tifo — disse Mengele, começando a ficar cansado da conversa.

— Se houver um novo surto, tais barracões poderiam ser eliminados — retruquei.

— Impossível. É melhor prevenir do que remediar. São as duras leis da guerra. Nestes tempos, todos devemos fazer sacrifícios especiais. A senhora não viu o que fui obrigado a suportar frente ao exército russo. Em comparação, este lugar é o paraíso na Terra — disse Mengele, demonstrando nojo.

Comecei a suar. Ele não parecia disposto a me escutar, e eu estava me arriscando muito. Para ele, minha vida não tinha nenhum valor. Ele seria capaz de se livrar de mim com uma canetada, sem que sua mão tremesse.

— O que está acontecendo? A senhora tem familiares nesses barracões? — ele perguntou, impaciente.

— Sim, meus filhos estão no 14 — respondi, sem saber se fazia a coisa certa. Ele poderia usar tal informação contra mim.

— Vamos tirar seus filhos de lá, se é isso o que a preocupa. Tudo bem assim? A senhora já pode se retirar — disse Mengele, em tom seco.

Fiquei de pé. O alemão deu dois passos, batendo suas botas negras contra a madeira do chão. Ele se aproximou tanto do meu rosto que senti o cheiro do seu perfume, e eu não sentia um odor tão agradável havia semanas.

— E agora, o que a senhora quer? — perguntou, com o cenho franzido e a boca torcida.

— Eu imploro que o senhor salve os barracões 8 e 14, *Herr Doktor*. Seria um crime matar tanta gente inocente — respondi, sem acreditar que tais palavras saíam da minha boca. Eu acabara de firmar minha sentença de morte.

O oficial me encarou, surpreso. A palavra "crime" pareceu enfurecê-lo de repente, mas ele se acalmou antes de me responder. Eu sabia que ninguém o tratava daquela forma, muito menos uma prisioneira. E não saberia dizer se o que me salvou foi meu aspecto ariano ou a valentia da minha ação, mas Mengele se curvou sobre a mesa, escreveu uma nota e me entregou.

— Os barracões 8 e 14 serão respeitados. Caso surja um único caso de tifo, eles serão eliminados imediatamente. A senhora entendeu? Não estou fazendo isso pela senhora, simplesmente quero que entenda que não me divirto com essas coisas. Devemos sacrificar os mais frágeis para que os mais fortes sobrevivam. A única maneira de não perverter a natureza é deixarmos que ela escolha quem deve viver e quem deve morrer.

— Sim, *Herr Doktor* — respondi, tremendo, mesmo tentando manter o pulso firme quando ele me passou um papel escrito com sua caneta-tinteiro.

— Leve esta carta à secretária Elisabeth Guttemberger. A ordem ainda não foi tramitada — ele me disse, entregando-me um papel com sua assinatura.

— Obrigada — respondi, pegando a folha.

— Não me agradeça, *Frau* Hannemann. Minha tarefa aqui é salvaguardar o acampamento e realizar meus trabalhos de campo, e não facilitar a vida dos internos. A Alemanha está mantendo vivas milhares de pessoas que não são arianas, mas não fará isso de maneira gratuita, nem por ater-se a absurdas normas humanitárias — ele me respondeu, de maneira arrogante.

Saí rapidamente do barracão e corri para o escritório. Não queria que a ordem chegasse tarde demais. Quando parei em frente ao edifício, estava sem fôlego. Uma das guardas nazistas se aproximou de mim, era Maria Mandel, de quem eu ainda guardava uma cicatriz no rosto, uma lembrança de poucos dias após minha chegada ao acampamento.

— Aonde pensa que vai, cigana vadia? — ela me perguntou, movendo seu cassetete.

— Eu trago uma ordem do doutor Mengele — respondi, mostrando a folha.

A mulher fez um gesto de que pegaria o papel para amassá-lo, mas por trás dela surgiu outra guarda, Irma Grese.

— Quer se meter em problemas? Não está vendo a assinatura do doutor Mengele?

Maria Mandel franziu o cenho. Comprovou a assinatura e me deixou passar. Entrei com o peito estufado na sala, deixando o documento sobre a mesa de Elisabeth Guttemberger. Ela era uma jovem cigana muito bonita e inteligente. Até então, eu só trocara duas ou três palavras com ela, mas a maior parte dos reclusos falava muito bem de Elisabeth. Sua família vendia antiguidades e instrumentos de corda em Stuttgart. Seu pai chegara a ser deputado no Reichstag, sendo um dos membros mais reconhecidos da comunidade cigana.

— O doutor Mengele cancelou a eliminação dos barracões 8 e 14 — anunciei, com a voz ainda entrecortada pela falta de fôlego.

— Graças a Deus! Quando vi essa ordem, fiquei gelada — disse Elisabeth, selando o papel.

— Lamento por todos os que morrerão amanhã — comentei.

— Aqui, a única certeza é que todos terminaremos mortos. Porém, se apenas um se salvar, a luta de cada dia terá valido a pena. Estou aqui desde meados de março e o que vi durante todo esse tempo foi morte e desolação. Prenderam toda a minha família em Munique. Tenho vários irmãos e irmãs aqui no campo e tento ajudá-los graças ao meu posto, mas é quase impossível. Não temos muito o que repartir — disse Elisabeth.

— Pelo menos você conseguiu um trabalho melhor — comentei.

— Quando chegamos, construímos os barracões e as ruas do campo. Meu pai não resistiu ao ritmo de trabalho e foi o primeiro a falecer. Não sei quanta gente vai sair viva daqui e, às vezes, penso que todos vamos morrer.

As palavras de Elisabeth me trouxeram de volta à dura realidade de Auschwitz. De pouco valia adiar a morte de um pequeno grupo, se o fim de todos já estava escrito.

Maria Mandel entrou na sala, e paramos de conversar. Aquela mulher terrível era capaz de destruir a alma de qualquer um com uma simples mirada. Eu não entendia como as guardiãs chegaram a tal nível de desumanização, mas logo entendi que elas simplesmente nos enxergavam como feras, como pessoas que deveriam vigiar e, se necessário, exterminar. Voltei com calma ao meu barracão, pois minha jornada de trabalho do dia chegara ao fim. Parei na frente do edifício, respirando fundo antes de entrar. Ao entrar, vi todos os ciganos alemães reunidos e respirei, aliviada. Se eu tivesse chegado uns minutos mais tarde, o pessoal do escritório teria ordenado a eliminação de toda aquela gente na manhã seguinte. Assim que me viram, meus filhos correram na minha direção. Blaz me fez um relatório detalhado do dia. Ele era o encarregado de cuidar dos irmãos mais novos. Ao que parecia, segundo Blaz, Otis brigara com outro menino, mas seus irmãos logo o apartaram. Além disso, os gêmeos esconderam as muletas de Klaus, um idoso do barracão, mas tudo não tinha passado de uma travessura. Por último, ele me falou da pequena Adalia, que se comportara muito bem, como sempre. Ela passara quase o dia inteiro ao lado de Anna, que a tratava como uma neta.

Reparti um pouco de comida entre as pessoas. Sendo enfermeira, era mais fácil conseguir um pouco de pão, batata e várias latas de sardinha. Não era muito, mas a cada dia eu entregava a uma família do barracão. Depois me sentei para conversar um pouco com Anna.

— Você está bem? Parece deprimida — ela me perguntou.

— Foi um dia muito duro — respondi, sem querer entrar em detalhes.

— Como todos. Aqui, só existem dias duros.

— Sim, é verdade — concordei, com ar ausente.

— Nós já sabemos — ela me disse, em tom suave, para que ninguém mais nos escutasse. O acampamento era como um povoado, onde as notícias correm como pólvora.

— Não pude fazer nada por eles — respondi.

— Mas fez por nós. Mais cedo ou mais tarde, eles seriam mortos. Os doentes não duram muito por aqui. Na vida, nem sempre conseguimos o que queremos. Eu fui criada em Frankfurt. Minha família trabalhava havia anos como soldadores. Não tínhamos problemas financeiros, mas de vez em quando nos expulsavam de um povoado, pois algo se perdia ou alguém era roubado. Em um povoado bem próximo a Frankfurt, conheci uma professora chamada Maria. Aquela mulher era um anjo e, levada por seu bom coração, um dia se aproximou do meu pai e se ofereceu para me ensinar a ler e escrever. Meu pai respondeu que precisava da minha ajuda no trabalho, mas que ela poderia me ensinar aos domingos e durante as tardes. Se fosse assim, tudo bem. Em pouco mais de um mês, aprendi a ler e escrever. Eu já era uma moça de 13 anos, mas minha mente era ágil e minha curiosidade aguçada. O problema foi que um familiar dela nos apresentou seu filho e combinaram um casamento — ela me disse.

— Aos 13 anos? — perguntei, assustada. Havia tempos que não permitiam casamentos de mulheres menores de 16 anos.

— Sim, eles esperaram mais um ano, até que eu fizesse 14, mas minha mãe proibiu que eu voltasse à escola. Eu precisava aprender a cozinhar, costurar e outras coisas mais adequadas às mulheres.

— Sinto muito.

— Tudo bem. Eu sofri muito ao lado do meu marido, mas tive cinco filhos maravilhosos. Consegui que todos frequentassem a escola, até as meninas. Mas isso não serviu de muita coisa. Os nazistas prenderam a maior parte deles. Não sei se algum sobrevive.

— Graças ao que aprendeu, a senhora pôde dar uma educação aos seus filhos. Conseguiu manter os ciganos alemães unidos no acampamento e salvou minha família. Eu admiro sua força, Anna, e saiba que não conheci muitas mulheres tão valentes como você.

Os pequenos olhos da idosa ficaram úmidos por alguns instantes. Todas tentávamos manter a serenidade para que as crianças não sofressem. No entanto, em certos momentos, era quase impossível controlar os sentimentos.

Anna era uma mulher muito sábia. Conseguira manter unidos os ciganos alemães. Eles cuidavam uns dos outros como uma grande família. Eu me apoiei em seu ombro para descansar um pouco. Sentia que, naquela tarde, enfrentara o mal e o derrotara. O doutor Mengele me parecia a mistura perfeita de indiferença e eficácia. Ele sabia que não seria boa ideia entrar em conflito com todo o acampamento de ciganos, mas queria que seu trabalho fosse aprovado pelos superiores. Eis o seu ponto fraco: ao contrário dos demais membros da SS, ele estava disposto a perder um pouco, desde que essa perda significasse que seus superiores passariam a vê-lo com melhores olhos ou que seus subalternos o ajudariam na hora de executar sua missão.

Enquanto esperava o jantar, aproximei-me dos meus filhos. Eles pareciam estar melhor do que algumas semanas atrás, mas eu os via cada vez mais magros e sujos. E sabia que, se ficassem doentes, pouco poderia fazer para salvar suas vidas. Eles eram a única coisa que me mantinha viva. Eu os abracei e, ao sentir seus corpos magros contra o meu, desejei com toda força que voltassem a entrar em meu ventre, formando com ele parte de um todo, repetindo a simbiose perfeita entre uma mãe e um bebê, que vai se formando em suas entranhas dia após dia. Naquela noite eu salvara novamente suas vidas. É possível que me comportasse de maneira egoísta, mesmo sem perceber. Uma jornada a mais em Auschwitz significava perpetuar a agonia da morte, mantendo a alma cativa atrás das grades cruéis da indiferença de nossos carrascos. O sorriso dos meus filhos me fez esquecer do inferno das semanas anteriores. E eu não queria pensar no que aconteceria na manhã seguinte. Mais de mil pessoas perderiam suas vidas por conta do capricho de um médico. Para eles, não passávamos de animais prontos para serem sacrificados em nome de um ideal superior. Malditas são as ideias capazes de transformar qualquer homem em um ser vil. Nós, mães, não temos ideologia. Nossos filhos são nossa única causa e pátria. Para aqueles homens, matar e morrer por suas ideias era algo natural. Para nós, assassinar por ideologia era a maior aberração criada pelo ser humano. Nós, sendo mães que fomos capazes de gerar vida, nunca poderíamos nos transformar em cúmplices de tantas mortes.

6

Auschwitz, maio de 1943.

Na manhã seguinte, pediram a todos os prisioneiros dos barracões que não saíssem para o primeiro banho do dia. Aos médicos e às enfermeiras, foi autorizada a saída, pois os membros da SS sabiam que precisariam de nós para que os pobres desgraçados a ponto de serem eliminados imaginassem que realmente seriam transferidos a um hospital, a fim de serem curados do tifo. Mengele apareceu dirigindo um carro conversível preto, como se aquele dia de sol e não tão frio tivesse sido reservado para a organização de um piquenique, não de uma matança indiscriminada. Alguns minutos mais tarde, entraram na avenida meia dúzia de caminhões verde-escuro com guardas da SS, a fim de rapidamente enchê-los com todos os prisioneiros dos barracões 9 a 13. Eles pareciam abutres em busca de sua ração diária de carne. Os soldados, com seus rostos tapados por máscaras antissépticas, postaram-se à frente dos dois primeiros barracões e pediram aos ciganos que saíssem de forma ordenada. Eles tentavam ser o mais amável possível, para que não surgissem resistências. Nós permanecíamos em riste, ao lado do doutor Mengele, que não parava de murmurar canções, enquanto um exército de desesperados passava ante nossos olhos. Primeiro, apareceram os mais fortes — homens e idosos que provavelmente não estariam infectados, mas que, por desgraça, moravam no barracão escolhido. Depois, vieram os doentes, e alguns presos mais debilitados foram retirados em macas, sendo amontoados uns sobre os outros, e não tratados como doentes que precisavam de cuidados máximos. Eu preferia não ver aquele espetáculo lamentável e sabia ter conseguido salvar algumas centenas de pessoas, mas ao mesmo tempo me sentia cúmplice da morte de todos aqueles coitados.

Uma mãe saiu de mãos dadas com os filhos. As três crianças pequenas nos olhavam desorientadas por conta da fome e da febre. Uma delas se atirou na nossa direção, mas os guardas, que usavam máscaras e luvas, colocaram-na de volta na fila à base de pancadas.

No último barracão, aconteceram novas cenas de pânico. Sem dúvida, a eles chegara o rumor de que seriam levados a uma morte segura, e muitos tentaram escapar, embora sem êxito. Outros se lançaram às botas do doutor Mengele, suplicando por suas vidas. O oficial alemão continuou balbuciando canções até que todos os prisioneiros estivessem no interior dos caminhões, que seguiriam em direção desconhecida, o que não poderia significar outra coisa além de sua eliminação iminente.

— Agora é a vez de vocês. Identifiquem todos os doentes de tifo no hospital. Não podemos deixar nenhum foco de infecção no campo — comentou Mengele, com um sorriso.

Senti um calafrio percorrer minha espinha. A seleção seria feita pelos médicos, mas as enfermeiras deveriam estar presentes para levar os doentes escolhidos à saída, onde os soldados se encarregariam de levá-los embora. Primeiro, passamos pelos barracões dos homens. Uns vinte foram selecionados, entre eles um menino da mesma idade que meu filho Otis. Aquela criatura tinha uma vida inteira pela frente, mas em poucos minutos deixaria de existir para sempre. O pavilhão das mulheres doentes foi cenário de situações ainda mais dramáticas, já que várias delas estavam com bebês em seu leito.

Uma das mulheres, uma jovem cigana morena, dona de grandes olhos verdes, puxou minha bata e, entre sussurros, me disse:

— O bebê não está doente. Por favor, cuidem dele.

Olhei para Mengele, que estava observando duas idosas que o doutor Senkteller duvidava serem portadoras de tifo, e envolvi a criança em uma manta branca muito limpa, algo quase excepcional no campo, depois o levei à parte traseira e o deixei em um dos berços. Aquilo poderia custar meu posto e até mesmo minha vida, mas se tratava de uma mãe, e eu sabia o que aquela jovem sentia ao suplicar pela vida do filho.

A operação de desinfecção foi repetida até que o último barracão estivesse vazio e o último doente de tifo tivesse sido levado aos caminhões da SS. Quando os nazistas abandonaram o campo, a rotina prosseguiu, mas a sombra do terror parecia envolver tudo. Quem seriam os próximos? Naquele lugar infernal, a vida humana não parecia valer absolutamente nada.

Eu tive o resto da manhã livre, pois pedi para ficar junto aos meus filhos. Precisava abraçá-los e atravessar aquele transe com eles. As desagradáveis sensações da purga dos doentes me deixaram completamente desanimada.

À tarde, tive de regressar ao hospital, pois o doutor Mengele aparecera sem avisar, convocando uma nova reunião. Era estranho que aparecesse àquela hora, já que, nos últimos dias, fora encarregado de selecionar os recém-chegados à plataforma da estação. Nós sabíamos que a notícia não seria boa, mas ao menos saberíamos a que nos ater, ao contrário da maior parte dos prisioneiros, que ignorava o que aconteceria no dia seguinte.

Caminhei pela grande avenida ao lado de Ludwika. A enfermeira parecia tão deprimida quanto eu no momento em que avistamos, ao longe, o barracão de descanso dos médicos e enfermeiros.

— Não sei quanto tempo resistirei a tudo isso. Imaginei que me acostumaria, mas, desde a chegada do doutor Mengele, tudo piorou — disse ela, quase se entregando às lágrimas.

— Você acha? É possível que ele seja bem mais drástico do que seu antecessor, mas ao menos conhecemos suas intenções. Se pudéssemos convencê-lo de que a melhoria do campo favoreceria sua carreira, acho que as coisas mudariam de forma notável — comentei, tentando animá-la um pouco.

— Você acha que a ambição pessoal é mais fácil de ser dirigida do que o fanatismo? Eu acho que o doutor Mengele reúne as duas coisas.

— Melhor nos adiantarmos aos acontecimentos — eu lhe disse, enquanto subíamos as escadas do barracão.

No interior, havia quase uma dúzia de pessoas, três delas totalmente desconhecidas para mim.

— Queridos colegas, eu quero lhes apresentar uma nova aquisição para o campo, trata-se da doutora Zosia Ulewics. Ela será minha assistente pessoal no laboratório que vou inaugurar atrás da Sauna, e Berthold Epstein é um conhecido pediatra que nos ajudará com as crianças. Os senhores sabem que recebemos a inestimável ajuda do Instituto Kaiser Wilheim, de Berlim, e em especial do seu diretor, Von Verschuer. Devemos fazer um bom trabalho para seguir merecendo tal ajuda. Espero que estejam dispostos a trabalhar duro e não se esqueçam de que os senhores são uns privilegiados em Birkenau — disse Mengele, muito sério. Sua voz intimidadora produziu um longo silêncio.

O doutor pegou uma folha que estava sobre a mesa e a agitou frente aos nossos olhos.

— O trabalho desta manhã não foi muito bem-feito. Vocês me asseguraram que não havia doentes de tifo no barracão oito, mas eu mesmo detectei dois casos esta tarde. Os senhores sabem o que isso supõe? Eles me obrigaram a esvaziar mais um barracão. Se fizessem bem o seu trabalho, esse tipo de coisa não aconteceria.

Ficamos todos petrificados, pois pensávamos que o pior da purga já passara. Porém, em Auschwitz, as coisas nunca aconteciam de maneira lógica, e cada novo dia era totalmente imprevisível.

— Amanhã eliminaremos o barracão oito, e espero não precisar me desfazer de todo o acampamento cigano por culpa dos senhores.

Imaginem o desgosto do doutor Robert Ritter se sua colônia de ciganos fosse exterminada? Os senhores sabem como o professor ama suas teorias sobre a origem ariana, especialmente a dos ciganos, que se mantiveram puros desde sua chegada da Índia — comentou, enfurecido.

Nós nos sentíamos desolados. O campo estava totalmente aterrorizado, e muitos nos olhavam como os causadores de todas aquelas desgraças. Mengele sabia como atribuir responsabilidades às pessoas ao seu redor. Enquanto suas medidas drásticas se destacavam frente às do doutor Wirths, éramos nós que tínhamos de escolher quem deveria viver ou morrer entre os doentes do hospital.

O doutor nos mandou embora sem meias palavras. Ele não se importava com nosso ânimo, estava interessado unicamente na eficácia que poderíamos empregar no trabalho que nos fora atribuído.

Eu cruzava o umbral da porta quando a suave voz de Mengele me deixou paralisada:

— Enfermeira Helene Hannemann, fique por aqui mais alguns minutos, por favor.

Ludwika me encarou, surpresa. Não poderia ser bom sinal que o doutor quisesse conversar a sós comigo. Comecei a tremer enquanto me aproximava dele, dando pequenos passos. Eu temia que a decisão de salvar o barracão oito se voltasse contra mim, mas estava disposta a enfrentar as consequências. Minha única preocupação era meus filhos, mesmo convencida de que Anna cuidaria deles se algo acontecesse comigo.

— Imagino que tenha ficado nervosa com toda essa história — disse ele. — E saiba que investiguei o seu caso, pois precisava corroborar certas coisas. Sua pureza racial é invejável, seus pais são membros ativos da comunidade, ainda que por desgraça não estejam inscritos no Partido. A senhora pensará que sou um monstro, mas isso não é verdade. Eu simplesmente tento atuar de forma lógica e eficaz. E a senhora deve saber que, em Auschwitz, os recursos são muito limitados, e as doenças não param de se alastrar em todas as direções. Imagino que não aprove minha decisão de cortar essa praga de tifo pela raiz, mas eu simplesmente deixo que a natureza faça sua seleção: os mais frágeis morrem, e os mais fortes sobrevivem — disse ele, dando mais uma de suas lições pseudocientíficas.

Eu me mantive em silêncio, de cabeça baixa, pois sabia que ele não gostava de ser encarado nos olhos, sobretudo por prisioneiros. De maneira inesperada, notei que seus dedos agarraram meu queixo e o ergueram.

— Eu admiro sua valentia, mas não entendo o sacrifício por seus filhos mestiços, assim como não entendo por que se casou com um zíngaro. Ainda assim, enfrentar tudo isso sozinha... Com sua atitude, a senhora demonstrou ter grande integridade, por isso acredito ser uma pessoa idônea. Vários dos prisioneiros ciganos admiram e respeitam a senhora, que tem dons de organização e sabe manter a disciplina, segundo me contaram seus superiores. Por isso, gostaria que fosse a diretora do *Kindergarten* que vou abrir em Auschwitz. Não quero que as crianças ciganas e os gêmeos sofram tantas privações.

Em um primeiro momento, não entendi ao que ele se referia. Não poderia sequer imaginar que alguém decidisse abrir um jardim da infância em Auschwitz. No pouco tempo que estava lá, tudo o que eu via era desolação e morte. Por que o doutor Mengele resolveria criar uma creche em um lugar como aquele? Eu duvidava de suas intenções altruístas. Ele não me parecia um homem generoso nem sentimental, seu caráter era o de um homem prático, e ele não demonstrava muita compaixão por qualquer pessoa que não fosse ariana.

— O senhor gostaria que eu dirigisse uma creche aqui dentro? — perguntei, tentando acreditar em suas palavras. Aquela ideia me parecia uma piada macabra. Como cuidaríamos de crianças naquelas condições? O que poderíamos oferecer a elas?

— Sim, e peço que a senhora pense no assunto. Eu vou trazer todo o material necessário: comida para as crianças, roupas novas, leite, filmes infantis... Pelo menos eles não sofrerão como o restante dos internos.

— Vou pensar — respondi, sem saber como reagir.

— Espero uma resposta até o meio-dia de amanhã — ele me disse, sorridente, como se de alguma forma soubesse que eu não poderia negar seu pedido.

Saí do barracão como se estivesse caminhando sobre nuvens. Eu poderia realmente fazer algo positivo pelas crianças do acampamento e ao mesmo tempo salvar meus próprios filhos.

Eu não entendia aquela mudança repentina de Mengele, mas não poderia dispensar seu convite. Antes de tudo, estavam as crianças. Quando cheguei na porta do barracão 14 e vi todas as crianças com suas roupas sujas e corpos magros correndo, sonhei com a creche. Eu me encarregaria de que fosse a melhor creche jamais aberta em um campo de concentração. Por fim, eu entendia por que o destino me levara a Auschwitz. Tudo começava a fazer sentido. A separação do meu marido, os primeiros dias, terríveis e angustiantes. Tudo parecia ter valido a pena. Finalmente, eu poderia colaborar com alguma esperança ao acampamento cigano de Birkenau e tentaria manter o maior número possível de crianças vivas até o fim daquela terrível guerra.

Em certa ocasião, meu marido me disse ter escutado Himmler dizer pelo rádio que, passada a guerra, todos os ciganos seriam levados a uma reserva, onde poderiam viver segundo seus costumes ancestrais, sem serem importunados. Tudo aquilo parecia uma ilusão. Porém, naquele dia, parecia permitido sonhar. Eu teria, como minha missão sagrada, salvar as crianças ciganas de Birkenau e, sobretudo, devolver a elas a vontade de viver em meio a tanta morte.

7

Auschwitz, maio de 1943.

A primeira pessoa que procurei em busca de conselho foi Anna. Além de ser uma mulher idosa com bom senso e dona de um grande coração, ela parecia perspicaz e difícil de ser manipulada. Em Auschwitz, não era muito fácil pensar com clareza. Os sentimentos pareciam anestesiados e, ao mesmo tempo, o ambiente era asfixiante, impedindo que enxergássemos as coisas com perspectiva.

Aproveitei um dos poucos momentos tranquilos da tarde, quando a idosa se sentava à entrada do barracão, e me sentei ao seu lado. Anna me encarou com uma expressão de amor infinito. Seus olhos vidrados, com rugas profundas, pareciam adivinhar minhas preocupações.

— O que a inquieta? — ela me perguntou, sem que eu lhe tivesse contado nada.

— Os últimos dias têm sido muito difíceis para mim. Além da destruição dos barracões, os membros da SS nos obrigaram a selecionar os prisioneiros infectados por tifo para serem retirados do acampamento.

Ninguém nos disse o que seria feito com eles, mas todos sabemos que não foram levados ao acampamento médico. Eles foram levados em caminhões, e nenhum deles voltou com vida do local para onde foram transferidos — comentei, compartilhando minha inquietação.

— Muitos morreram e vários outros morrerão. Os nazistas não nos trouxeram aqui para cuidar de nós. Eles só querem nos controlar e nos matarão se os perturbarmos. Eu não quero alimentar suas ilusões, mas você, sendo alemã, tem mais chances de sobreviver do que nós. Esses racistas nos enxergam como pouco mais do que animais. Para eles, você é apenas uma mulher de raça ariana que ficou louca ao acompanhar seus filhos a este acampamento — comentou a idosa, em tom suave.

Eu gostava muito dessa capacidade de Anna de ser otimista e, ao mesmo tempo, realista. Ela não se enganava, como faziam vários prisioneiros. Quando chegamos a certa idade, a vida deixa de nos surpreender ou confundir por completo. Os ciganos eram perseguidos praticamente desde sua chegada à Europa, havia quinhentos anos. Vários reinos, impérios e leis tentaram extermina-los ou assimilá-los. No entanto, tudo isso desaparecia, e os ciganos continuavam vivendo como viviam havia mais de meio século.

— O doutor Mengele me ofereceu cuidar de uma creche no acampamento, sendo sua diretora — comentei, ansiosa.

Anna não pareceu se surpreender. Embora a ideia fosse sem pé nem cabeça, uma brincadeira de mau gosto, dessas que os nazistas gostavam de lançar mão de vez em quando para rir de nós, a idosa se limitou a me encarar fixamente e dizer:

— E o que você está esperando? Nada de pior poderia acontecer a essas crianças, que ao menos terão um lugar para brincar, um lugar de acolhimento, um lugar para se esquecer desse campo maldito. Assim que nos conhecemos, percebi que você fora enviada por Deus para aliviar parte da nossa dor. Você parecia perdida, confusa e assustada, mas seu olhar, bem no fundo, revelava uma grande determinação.

Não respondi, limitando-me a abraçá-la, e comecei a chorar. Pela primeira vez desde que entrara em Auschwitz, eu não chorava por conta do desespero, da raiva ou do medo, mas simplesmente porque a tensão dos últimos dias destroçara meu coração.

Nunca imaginei que ter nas próprias mãos a vida e a morte de outras pessoas fosse ainda mais terrível do que sentir-se em perigo. Eu não confiava no doutor Mengele. Desde sua chegada, as coisas no acampamento tinham piorado, mas talvez eu pudesse utilizar sua vaidade para ajudar os demais prisioneiros. Seria um jogo arriscado, mas eu estava disposta a assumir o perigo. As crianças teriam um local limpo, seco e quente onde ficar, melhorariam sua alimentação e seu estado de ânimo. Valeria a pena tentar.

Apesar de minha determinação, decidi visitar o barracão onde os médicos e as enfermeiras dormiam, pois queria conversar com Ludwika. Ela estava havia mais tempo do que eu em Auschwitz e trabalhara com a SS. Talvez pudesse me dar uma segunda opinião sobre o assunto, antes que eu tomasse minha decisão definitiva.

Após subir as escadarias do barracão e entrar, fiquei surpresa ao ver as boas condições nas quais viviam meus colegas. Naturalmente, não havia luxo por ali, mas sim camas com colchões, lençóis e mantas limpas, uma mesa para comer e um pequeno fogão de madeira no local que fazia as vezes de sala de estar. Além disso, eles comiam coisas com as quais os demais prisioneiros praticamente nem se atreveriam a sonhar desde sua chegada ao acampamento.

Uma das novas doutoras, Zosia, ajudante de Mengele, estava lendo um livro médico à luz de uma lamparina. Os livros eram outro privilégio reservado aos médicos.

— Onde está Ludwika? — perguntei.

A doutora judia afastou o livro dos olhos por alguns instantes e, com expressão um pouco irritada, respondeu em um alemão perfeito:

— Foi sua a ideia de salvar o bebê? Ele está há quase dois dias aqui conosco. Se o pessoal da SS vier investigar, todos seremos mortos. O doutor Mengele deixou muito claro que deveríamos eliminar os doentes de tifo, além das pessoas que mantiveram contato com eles. Ludwika está com o bebê no nosso quarto, e ele passa quase o dia inteiro sozinho, até que voltamos à tarde. Qualquer pessoa poderia escutar o seu choro. Será melhor que você o leve embora imediatamente.

Eu não esperava aquela reação. Não poderia culpar Zosia de sentir medo, eu também sentia. No entanto, eu encontrara na equipe médica um profundo amor pela vida, além da determinação de entregar-se aos seus doentes. Ludwika saiu do quarto ao nos escutar. Ela estava com o bebê nos braços e, com o cenho franzido, se aproximou da outra mulher, deixando a criança em seu colo.

— Leve-o ao pessoal da SS. Você sabe o que farão com ele. Não é isso o que você quer? É possível que nenhum de nós saia daqui com vida, mas eu não vou permitir que os nazistas destruam minha alma. Enquanto me restar um mínimo traço de humanidade, arriscarei minha vida pelos demais.

As palavras da enfermeira polonesa pareceram penetrar no fundo da alma da doutora que, com o bebê nos braços, baixou a cabeça e começou a soluçar. Depois o apertou forte contra o peito, sussurrando um nome. Ficamos olhando para ela, como se não entendêssemos o que estava fazendo, mas não demoramos para compreender o seu gesto.

— Eu perdi meu bebê assim que cheguei a Auschwitz. Eles o arrancaram das minhas mãos. Só me deixaram viva porque sou médica, mas o meu filho foi eliminado. Até agora, eu não parava de repetir para mim mesma: "Por que essa criança deve estar viva e o meu filho, morto?" Eu estava com raiva, mas agora vejo que não passa de um bebê. Um doce, pequeno e indefeso recém-nascido. Meu Deus, até quando viveremos este pesadelo?

A doutora começou a se mover para frente e para trás, com o bebê nos braços, como se estivesse suportando uma grande dor, até que a enfermeira o pegou e tentou fazer com que ele dormisse.

— Eu posso levá-lo. A doutora tem razão. Se for visto por aqui, poderia causar problemas para todos vocês. No meu barracão, existem dezenas de crianças, ele não seria percebido. Além disso, eu me ofereci para dirigir uma creche no acampamento — comentei, com um sorriso.

As duas me encararam, surpresas. Primeiro, porque era muito pouco comum ver alguém sorrindo em Auschwitz. As únicas pessoas que se permitiam tal luxo eram as crianças e nossas guardiãs, embora o sorriso das carcereiras e dos membros da SS contivessem um toque maligno, uma espécie de mistura de indiferença e desprezo.

— Uma creche em Auschwitz? — perguntou Ludwika, boquiaberta.

— Sim. Uma creche com balanços, paredes pintadas, desenhos animados, comida, leite, além de tudo o que as crianças precisam — respondi, eufórica.

Repetindo a notícia eu ficava cada vez mais animada, como se começasse a acreditar que algo assim realmente pudesse acontecer. Eu quase conseguia imaginar como decoraríamos o local, os lápis de cor, os cadernos com espiral, um quadro negro com giz colorido. As crianças tomariam uma boa dose de leite no café da manhã, e nós lhes contaríamos histórias para que esquecessem onde estavam.

— Quem autorizou isso? — perguntou Ludwika, surpresa.

— O doutor Mengele me propôs — respondi.

— O doutor Mengele propôs uma coisa dessas? — perguntou Zosia, muito surpresa.

— Sim, o próprio. Eu nunca imaginei que os alemães fizessem algo assim em um lugar como este — respondi, totalmente eufórica.

As duas não pareciam muito entusiasmadas, e eu culpei o tempo que elas estavam em Auschwitz, um local capaz de esvaziar até o coração mais repleto de amor do mundo.

— E o que você respondeu? — perguntou a enfermeira polonesa.

— Ainda não respondi, queria pedir a sua opinião — respondi a Ludwika.

— A minha opinião não importa. Essas crianças terão uma vida melhor, e acho que isso é suficiente para aceitar. Quanto a mim, saiba que ajudarei em tudo o que você necessitar — ela respondeu, muito séria, com o bebê ainda nos braços.

Eu me aproximei e a abracei. A doutora me encarou, sentada em sua cadeira, e notei certo temor em seus olhos. Fiquei pensando que, para uma mãe que perdera seu bebê, não seria fácil conversar sobre outras crianças e sobre creches. Depois, peguei a criança nos braços e pedi à minha amiga que me entregasse suas coisas, pois a levaria ao meu barracão naquela mesma noite.

— Eu gostaria de passar mais uma noite com o bebê, mas é melhor que você o leve. Não seria boa ideia amar ninguém neste lugar. No acampamento, as coisas às quais nos apegamos sempre desaparecem, e o melhor é não prender-se a nada — disse Ludwika, muito séria.

E foi ao quarto, onde pegou os poucos pertences do bebê. Depois colocou no meu ombro uma espécie de mochila com fraldas, roupas, um velho chocalho e uma mantinha.

— Muito obrigada por sua ajuda. Quero me encontrar com Mengele para dar minha resposta — comentei, saindo do barracão.

Eu não era uma mulher guiada por ilusões, mas devo reconhecer que, naquela noite, pela primeira vez desde minha chegada a Auschwitz, senti algo parecido à alegria. Meus pés começaram a caminhar pela avenida cheia de barro e, quando cheguei ao barracão 14, com um bebê nos braços, um grupo de mulheres me cercou. Era incrível que, em um lugar como aquele, um bebê despertasse a mesma euforia que em qualquer outro ponto do mundo, uma mistura de ternura e amor.

Meus filhos se aproximaram e ficaram olhando para o bebê. Logo depois, minha filha arregalou seus olhos grandes e claros e perguntou:

— Você teve um bebê? Este é nosso novo irmãozinho?

As mulheres começaram a rir, embora tal notícia não parecesse alegrar muito os gêmeos, que cruzaram os braços, chateados.

— Não, querida. Este bebê não tem mãe, e nós cuidaremos dele durante alguns dias — respondi.

Anna o pegou nos braços e começou a niná-lo. Pouco a pouco, todos voltaram às suas camas.

— Vou dormir esta noite com ele. Você precisa descansar — disse a idosa.

— Tem certeza? — perguntei. Não é fácil dormir com um bebê, e Anna era uma mulher muito idosa, enfraquecida pelos dias passados naquele acampamento.

— Será um prazer voltar a sentir minha pele colada à de um bebê. Eu tive cinco filhos, vi partirem três e espero não ser obrigada a ver mais nenhum partir. Eles nos prenderam quando seguíamos à Eslováquia. Tínhamos família por lá, mas uns camponeses nos denunciaram aos soldados que estavam próximos à fronteira. Se tivéssemos mais duas horas, nós teríamos nos livrado deste suplício. Dois dos meus filhos conseguiram fugir na confusão da chegada a um campo improvisado, onde os nazistas reuniam judeus, homossexuais e ciganos. Depois nos enviaram de trem a Auschwitz I. Quando chegamos, deixaram que entrássemos com nossas roupas, mas rasparam o cabelo de todos. A vida era um pouco melhor por lá. Os edifícios de tijolos pelo menos isolavam um pouco do frio. Porém, no fim de março, trouxeram-nos para cá, e nos unimos aos companheiros que estavam terminando de construir os barracões. Tivemos o azar de sermos os primeiros ocupantes — disse a mulher, com um gesto de tristeza que me deixou sem fôlego.

Quando os sentimentos afloravam, todas parecíamos desmoronar. A única maneira de sobreviver em um lugar como aquele era tentando pensar o menos possível e anestesiando os sentimentos.

Fui com as crianças ao nosso catre. Os três mais novos me rodeavam como dois pintinhos recém-nascidos perseguindo sua mãe. Os dois mais velhos mantinham certa distância, querendo me contar suas aventuras, embora soubessem que deveriam esperar que os irmãos dormissem.

— Hoje foi um dia muito interessante — disse Otis, muito sério. Algumas vezes, ele parecia mais velho do que era, com sua postura e os gestos de suas mãos.

— Muito interessante? O que aconteceu? — perguntei, intrigada. E achei graça de sua expressão de criança grande.

— Fui com meu grupo de amigos inspecionar a parte traseira da Sauna. Homens cheirando a fuligem e fumaça surgiam, vindos do outro lado da cerca. Eles entraram na Sauna e tomaram banho. Nós ficamos do lado de fora, observando. Eles pareciam muito tristes e cabisbaixos. Um deles passou a mão no meu cabelo quando passou por mim. O nome dele era Leo. Não era muito velho, devia ter uns 18 anos.

Fiquei surpresa com o relato do meu filho, pois já escutara que alguns homens do acampamento usavam nossas duchas, que pareciam ser algumas das poucas com água quente em Birkenau.

— Um dos meus amigos perguntou se eles eram padeiros. Os homens responderam com um leve sorriso, e meu amigo disse que o pão que faziam era muito ruim. Os homens começaram a rir e foram embora, escoltados por membros da SS, voltando às casas ao fundo.

Aquela história parecia mais inquietante do que divertida. Todos sabíamos dos rumores que corriam pelo campo, mas preferíamos não pensar muito no assunto. Às vezes, é melhor ignorar certas coisas. Algumas jovens eram obrigadas a se prostituir por um pouco de comida. Os *kapos* escolhiam as que estavam sozinhas, para que suas famílias não fossem um impedimento e também por que, para os ciganos, a virgindade era algo sumamente importante.

Eu mesma tive de me submeter ao teste de virgindade na festa anterior à noite do meu casamento. Mesmo não sendo cigana, deveria demonstrar à família do noivo que não estivera com outro homem antes dele. Foi humilhante, meus sogros sabiam que eu amava Johann desde muito jovem e que ninguém me roubara o que eu queria entregar ao meu marido.

Quando Otis adormeceu em meus braços, Blaz começou a me contar como fora seu dia. O mais velho não parava de me surpreender. Além de estar sempre vigiando os mais novos, sua capacidade de enfrentar uma situação tão dura quanto a que vivíamos me deixava admirada.

— Estes meninos não sabem manter a boca fechada. O melhor é não sabermos o que acontece naquelas casas do fundo — disse ele.

— É verdade — concordei.

— Então, é séria a história da creche? — ele me perguntou.

— Como você ficou sabendo? — perguntei, assustada.

— O rumor já está correndo. Você sabe que não é fácil guardar segredo por aqui — ele comentou, muito sério.

— O que você acha da ideia? — perguntei.

Ele ficou pensando por alguns instantes. Blaz era um menino muito reflexivo e não gostava de responder sem antes pensar bastante sobre um assunto.

— Você acha que eles vão permitir? — Blaz me perguntou, e seus grandes olhos negros começaram a desaparecer na escuridão que tomava conta do barracão.

— Eles me pediram — respondi.

— Os nazistas nunca trabalham a troco de nada. Vou tentar descobrir o que eles pretendem.

A reflexão do meu filho me surpreendeu. De certa maneira, ele captara o espírito que movia aquele imenso campo. Embora não entendêssemos a mecânica de Auschwitz, tudo tinha um motivo, para tudo havia uma meta. Nós éramos apenas parte da engrenagem, mas o mecanismo era muito maior e mais complexo. Nesse ponto, meu filho tinha razão. Ali, nada era feito sem um propósito claro. Alguém superior a Mengele autorizara a criação de uma creche, mas, para isso, o doutor deve ter lhe dado uma boa razão. Em plena guerra, não seria fácil conseguir todo o material de que necessitaríamos.

— Não investigue nada — pedi, mesmo sabendo que ele não me obedeceria.

— Não se preocupe. Eu vou ajudar no que for preciso. Você já pensou em quais idades aceitará na creche? — ele me perguntou.

— Tudo foi rápido demais, ainda não planejei nada. Amanhã será um dia longo, vamos dormir — respondi.

— Sim, estou muito cansado — ele me disse, dando um beijo em meu rosto.

— Eu amo você, Blaz — eu me declarei, cobrindo meu filho com a manta.

— Eu também amo você, mamãe — ele me respondeu, sorrindo.

Recostei-me um pouco, tentando descansar, mas minha mente não parava de dar voltas, analisando todos os detalhes. Naquela noite, não pensei em meu marido, que não via havia semanas, muito menos na situação dos meus filhos ou na comida. A única coisa que tomava conta dos meus pensamentos era o tal projeto. *Uma creche em Auschwitz*, eu disse a mim mesma, e isso parecia uma brincadeira macabra, mas, por outro lado, queria acreditar que fosse possível. Eu poderia salvar as crianças do acampamento. Poderia afastá-las, ainda que por algumas horas, da barbárie que as rodeava. Valeria a pena tentar. Sendo mãe, era como se devesse isso a meus próprios filhos, e também ao restante das crianças que vagavam pelo acampamento, com seus corpos seminus, famintas e com um olhar sem brilho por conta do sofrimento.

8

Auschwitz, maio de 1943.

Naquela manhã, esperei impaciente pela chegada do doutor Mengele. Eu praticamente não dormira. Quando nos chamaram para a contagem, vesti as crianças rapidamente e, após tomar um café pestilento, corri ao barracão médico. Normalmente, nunca chegava tão cedo, mas não queria perder nem um segundo a mais. Anna ficara com o bebê, que decidimos chamar de Ilse. Nenhuma de nós conseguira descobrir seu nome verdadeiro. De certa maneira, Ilse seria a primeira menina da creche, e nós cuidaríamos dela e protegeríamos várias outras crianças.

Escutei o motor de um veículo e me aproximei do corrimão. Ludwika apareceu, ficando ao meu lado e apoiando seu braço nas minhas costas. *Nunca desejei tanto ver o doutor Mengele,* pensei, enquanto o carro militar estacionava ao lado do barracão. Uma chuva fina nos empapava, mas, naquele momento, eu só percebia um formigamento que percorria quase completamente as minhas costas.

O doutor Mengele caminhou com passos firmes sobre o barro. Suas botas negras reluziam e seu uniforme parecia recém-passado. Ele usava um gorro molhado, e sua expressão de indiferença me fez estremecer. Mengele subiu os poucos degraus que nos separavam balbuciando uma canção e nos olhou com certo desdém. Depois, acenou brevemente e entrou no edifício, para trocar de roupa.

Não me atrevi a detê-lo. Em geral, deveríamos esperar que os agentes da SS se dirigissem a nós. Poucos minutos mais tarde, ele voltou a aparecer na escada, com uma bata branca e uma prancheta metálica com poucas folhas em branco.

— *Frau* Hannemann, a senhora gostaria de me acompanhar? — ele me perguntou, praticamente sem olhar na minha direção.

Caminhamos em silêncio em direção ao barracão 32. Eu sentia meu coração disparado e estava sem ar. O médico me cedeu a passagem, e entrei no laboratório. Poucos membros da equipe médica tinham entrado nos domínios de Mengele, apenas seus ajudantes mais próximos. O doutor tinha muito ciúme de suas experiências e trabalho.

— Imagino que já tenha uma resposta a me dar — disse ele, colocando a prancheta sobre a mesa. Depois, virou em minha direção e me encarou.

O doutor não parecia o típico oficial da SS, de olhos azuis e cabelos loiros. Alguns de seus colegas, segundo rumores que corriam pelo campo, chamavam-no de "cigano" por conta de seus cabelos negros e olhos escuros.

— Era exatamente por isso que eu queria me encontrar com o senhor — respondi, com voz entrecortada. Era complicado coordenar as palavras, como se cada sílaba fosse importante. Eu temia que o oficial tivesse mudado de ideia.

— Então, o que a senhora... — ele comentou, deixando a frase inconclusa.

— Eu gostaria de assumir a responsabilidade pela abertura de uma creche em Auschwitz. No entanto, precisaria receber o material necessário. Não quero ter apenas um local para guardar crianças, minha ideia é abrir um espaço para que os bebês e as crianças pequenas possam se esquecer da guerra e das privações pelas quais têm de passar — disse-lhe, em tom firme, como se, finalmente, tivesse conseguido acalmar meus nervos.

— Claro. Quando fiz a proposta, eu estava falando sério. A senhora terá todo o material necessário. Eu quero que as crianças sejam bem-cuidadas, que não lhes falte nada. E você poderá contar com duas ou três ajudantes. Há alguns dias, chegaram umas enfermeiras novas. Vou pedir que procurem a senhora hoje à tarde. O material começará a chegar amanhã — disse Mengele, sorrindo pela primeira vez.

Aquele sorriso sempre aparecia quando ele conseguia algo que queria. Era um sorriso maroto e infantil, e indicava que estava de bom humor e que ninguém correria risco ao seu lado.

— Muito obrigada — disse, finalmente.

— Não precisa me agradecer. Sei que muitos de vocês pensam que somos uma espécie de monstro, e talvez tenham razão, mas isso é simplificar demais as coisas, concorda? Nós perseguimos um ideal, temos uma missão, e não é fácil cumprir nosso dever, mas é sempre gratificante. Enquanto eu estiver designado aqui, essas crianças terão um tratamento impecável. Eu garanto — disse Mengele, deixando escapar mais um de seus discursos sobre o dever e o sacrifício.

— Onde instalaremos a creche? — perguntei, impaciente.

— Liberamos os barracões 27 e 29. Acho que poderiam servir — ele respondeu.

Aquilo era mais do que eu esperava. Poderíamos abrir uma creche e uma pequena escola infantil. Dois barracões era uma oferta mais do que generosa. Rapidamente, calculei que poderíamos abrigar quase cem crianças.

— A senhora e sua família vão morar no barracão 27, pois acredito que será mais fácil cuidar dos filhos dos demais se não estiver pensando em seus próprios. Fui informado de que a senhora tem cinco filhos, entre eles dois gêmeos — comentou Mengele.

Por alguma razão inexplicável, a afirmação do doutor me deixou muito nervosa. De certa maneira, meus filhos eram meu ponto fraco, e o oficial da SS sabia que uma mãe é sempre capaz de fazer qualquer coisa por um filho.

— Muito obrigada, *Herr Doktor*.

— De nada. Agora, preciso seguir em frente com o meu trabalho. As chaves dos barracões são estas. Não quero que roubem o material antes mesmo da abertura da creche — disse Mengele.

Saindo ao ar livre, notei o ambiente carregado de fumaça. Se o vento soprasse na direção do acampamento, o ar ficava quase irrespirável. Quando cheguei ao pavilhão médico, Ludwika me esperava. Juntas, fomos para os barracões do hospital feminino. A enfermeira polonesa parecia impaciente para saber o que acontecera, mas não se atrevia a perguntar.

— A creche será fundada amanhã. Eles nos cederam os barracões 27 e 29 — eu lhe disse, apontando para os edifícios que ficavam bem em frente ao hospital.

— Nós podemos ajudar. Estaremos bem em frente à futura creche — disse Ludwika.

Nós nos abraçamos brevemente, e os gestos de carinho eram muito escassos no acampamento. Quando entramos no barracão, eu me apresentei ao doutor Senkteller. Precisava lhe informar que, a partir do dia seguinte, deixaria de trabalhar no hospital para cuidar da creche.

— Uma creche. Que ideia mais fantástica! Eu fico morto de pena quando vejo as crianças passeando o dia inteiro no meio do barro, sem nada para comer — comentou o doutor Senkteller.

— Obrigada, e espero ser capaz de manter uma creche em um local como este — comentei.

— Claro que será capaz — disse ele, pousando uma das mãos em meu ombro.

A manhã me pareceu interminável. Eu queria contar tudo aquilo a Anna e a meus filhos. Após as últimas seleções do doutor Mengele, o número de doentes diminuíra drasticamente. Muitos temiam ir ao hospital pensando que poderiam ser eliminados.

Naquela última tarde de maio, chegaram ao campo cigano quase quatro mil prisioneiros novos. Os barracões voltaram a ficar cheios, e o breve equilíbrio das semanas anteriores foi abalado. Por ali, os recursos eram mais ou menos os mesmos, fossem dez ou 15 mil prisioneiros. A chegada dos novos significava menos comida, menos espaço e mais doenças.

Após o trabalho, quando entrei no barracão 14, duzentas novas pessoas ocupavam o chão e as poucas camas livres.

Anna estava com o bebê, e meus filhos tentavam passar o tempo em frente ao edifício. Algumas das novas crianças se juntaram a eles. Para os pequenos, era mais fácil do que para nós acolher os recém-chegados.

— Chegaram novos prisioneiros — disse Anna, assim que me viu, como se isso não fosse evidente. Ela parecia muito cansada, como se, pouco a pouco, seu corpo estivesse dando avisos de que a vida se esgotava, implorando por um descanso. Anna vivera épocas melhores, mas quase toda sua existência fora marcada por preocupações. Por um instante, pensei que todo aquele esforço fora em vão. Se todos os seus filhos e netos estivessem mortos, não restaria memória da idosa nem de sua estirpe.

— Imagino que não serão os últimos — comentei.

— Em nosso barracão, entraram poucos, mas os outros estão completamente cheios — disse ela, passando-me o bebê.

— São muitas as crianças novas? — perguntei.

— Sim. São da Boêmia, Polônia e outros lugares. Trouxeram um orfanato completo, que era dirigido por freiras polonesas — ela me respondeu.

— Não sei como vamos sobreviver — comentei, desanimada. Parecia que, quando as coisas começavam a melhorar, de repente, chegavam as complicações.

— Como foi com o doutor Mengele? — ela me perguntou, impaciente.

— Tenho boas notícias. Vamos inaugurar a creche. Amanhã começará a chegar o material e também algumas colaboradoras. Eles nos cederam os pavilhões 27 e 29 — respondi, eufórica.

Anna começou a contar a todas as mulheres que estavam à nossa volta. Algumas dançaram por conta da alegria que sentiam, outras me abraçavam.

— Que boa notícia! Você precisa de ajuda? Estamos na nossa hora livre. Poderíamos ir aos barracões para limpá-los — ofereceu Anna.

Eu preferia organizar as coisas direito. Se os membros da SS vissem cerca de cinquenta ciganas nos barracões, poderiam fazer uma queixa à direção, acabando com nosso sonho de ter uma creche.

— Não. Amanhã eu irei com algumas mulheres para arrumar tudo.

— Tem razão, desculpe esta pobre velha que se entusiasma com muita facilidade — disse Anna, num tom um pouco sério.

— Vou precisar da sua ajuda, mas, no início, é melhor garantirmos que tudo funcione bem — eu lhe disse, acariciando seu rosto.

— Temos outras boas notícias. Uma banda de música foi organizada no campo cigano. Eles poderão tocar alguns dias da semana. Nós adoramos cantar e dançar — disse Anna, um pouco mais alegre.

— Que maravilha! Pouco a pouco, as coisas vão começar a melhorar. É possível que vários infortúnios que enfrentamos ao chegarmos aqui tenham sido fruto do improviso e da rapidez com que foi construído Birkenau. Tudo vai melhorar a partir de agora — anunciei, completamente eufórica.

Com o bebê nos braços, segui até o local onde estavam meus filhos. Blaz se aproximou, muito contente, com um pequeno violino nas mãos, parecido com o que seu pai lhe dera de presente havia alguns anos. Meu filho mais velho tocava magistralmente. Mesmo não tendo o dom do pai, era um bom músico.

— Mamãe, eu me inscrevi na banda, e me aceitaram. Fiz o teste hoje de manhã, e o diretor me entregou este violino — disse ele, com os olhos brilhando de emoção.

— Ótimo! Hoje parece ser um dia repleto de boas notícias — comentei.

— Vou sentir falta disto — falou meu filho mais velho, apontando para o barracão.

Era incrível que fôssemos capazes de nos acostumar àquele tipo de vida, a ponto de sentirmos falta de tanta miséria e tantas dificuldades.

— Vocês poderão voltar sempre que quiserem — comentei.

Otis abraçou minha cintura. Eu pousei a mão em sua testa, percebendo que estava um pouco quente. Um de meus piores temores era que meus filhos ficassem doentes. Não havia remédios no hospital, e não se permitia que os doentes passassem mais de dez dias internados. Passado esse tempo, deveriam voltar aos seus barracões ou partir em uma das seleções feitas pelo doutor Mengele.

Depois do jantar, nós nos deitamos. Os membros da minha família estavam um pouco inquietos, pois aquela seria nossa última noite no barracão 14. Uma semana antes, os moradores daquele espaço tinham salvado nossas vidas. Sentia-me agradecida por tudo o que fizeram por nós, mas, a partir da manhã seguinte, moraríamos nos fundos da creche.

Eu mal descansara na noite anterior, por isso, não demorei para cair no sono. Sonhei com meu marido, Johann. Nós dois percorríamos um bosque repleto de flores, em plena primavera. De alguma forma, acredito que minha alma queria me presentear com aquelas lindas lembranças. Era Semana Santa, e meu pai permitira que viajássemos ao campo de trem. Eu passara a noite anterior preparando algo para comermos e, logo cedo, corri para a estação, pois não queria perder nem um segundo. Johann estava me esperando, com seu sorriso habitual. Passamos todo o trajeto de mãos dadas, e eu notava as expressões de estranheza nos rostos de quem nos via. Mesmo assim, tentei aproveitar aquele momento único. Quando chegamos ao encantador povoado nas montanhas, começamos uma caminhada longa, de três horas. Minha mochila pesava, mas eu desfrutava cada passo. Por um instante, imaginei que fôssemos Adão e sua esposa, Eva. Sozinhos no mundo. Sem olhares atravessados, sem murmúrios de pessoas que nos viam passar, sem os insultos dos nazistas, que cuspiam aos pés de Johann ao vê-lo de mãos dadas com uma mulher da raça ariana. Subimos por um caminho estreito, atravessamos alguns penhascos. De repente, um prado imenso surgiu ante nossos olhos. Era um dos lugares mais lindos que eu já vira. Abrimos uma manta à sombra de um pinheiro, pegamos a comida e um pouco de vinho doce.

Não sei quantas horas ficamos por ali, sozinhos, mas só voltamos à estação à noite. Ao fim do meu sonho, o lindo prado começava a perder a cor, suas flores murcharam, enquanto uma grande tempestade ameaçava cair do céu cinzento. Aquele prado verdejante, pouco a pouco, transformava-se em um terrível cemitério de mortos-vivos. Os alambrados se erguiam do chão como erva-daninha, a água começava a formar poças e ganhava um tom avermelhado, um tom de sangue. Então, eu despertei, assustada. Era a primeira vez que tinha um sonho agradável desde minha chegada a Auschwitz. Sem dúvida, minha mente começava a relaxar. No entanto, aquele fim terrível me fez lembrar de onde estávamos.

Antes de seguir para a creche, eu procuraria Elisabeth Guttemberger, a secretária do acampamento. Queria saber se alguém poderia me dar alguma informação sobre o paradeiro do meu marido e aproveitaria para levar uma lista com tudo o que fosse necessário para colocar a creche em funcionamento. O doutor Mengele pedira as coisas básicas, mas precisaríamos de muito mais para que o local pudesse ser aberto. Além disso, eles deveriam autorizar a chegada das duas enfermeiras que me ajudariam. Eu queria escolher uma mulher da raça cigana como minha auxiliar. As crianças se sentiriam mais à vontade com uma pessoa conhecida do que com duas enfermeiras vindas de outra seção.

Acordei bem cedo e caminhei sob o frio matinal do início de junho. A grande avenida continuava vazia quando cheguei aos escritórios. Pela primeira vez, desde o dia em que cheguei a Auschwitz, aquele passeio me pareceu agradável. Meu ânimo ajudava, claro, mas também a paulatina mudança do clima e do ambiente no acampamento cigano.

Elisabeth já estava em seu posto de trabalho, organizando os arquivos e as listas de prisioneiros, quando entrei no escritório. Nos últimos dias, a chegada de novos ciganos aumentara o trabalho de todos os internos. Nós, alemães, somos muito ordenados, sempre queremos tudo arquivado e documentado, e o campo não se diferenciava muito da burocracia existente no regime nazista do lado de fora daquelas cercas eletrificadas.

— *Guten morgen* — cumprimentei, entrando na sala.

— *Guten morgen* — respondeu Elisabeth, sorridente.

— Esperava encontrar uma mulher menos alegre. Nos últimos dias, o número de prisioneiros disparou — comentei.

— Sim, mas eu sei por que você veio aqui. A inauguração de uma creche no acampamento é uma ótima notícia — disse Elisabeth.

— Os rumores voam — comentei, sorridente.

— Sim, mas quando são bons eles nos fazem recuperar um pouco a esperança. A seleção de doentes de tifo foi muito dura para todos. Além disso, por aqui acontecem coisas desagradáveis todos os dias. As boas notícias são sempre bem-vindas — comentou.

— Esta é a lista de alguns materiais necessários. Junte-a à lista que o doutor Mengele já entregou — eu lhe disse, entregando o papel.

Elisabeth deu uma olhada, depois me encarou, surpresa. A maior parte do que eu incluíra eram provisões ou objetos que não eram vistos desde o início da guerra. No entanto, se alguém poderia conseguir aquelas coisas, esse alguém era o influente doutor Mengele, e Elisabeth também sabia disso.

— O doutor tem ótimos contatos em Berlim. O diretor do Instituto Kaiser Wilhelm, Von Verschuer, é seu benfeitor. Tenho certeza que ele enviará tudo isso às crianças.

— Espero que esteja certa — respondi à jovem.

— Acredito que algumas candidatas se apresentarão nas próximas horas, para que você as entreviste. Assim que elas chegarem ao acampamento, pedirei que se dirijam aos barracões da creche.

— Sim, por favor. E gostaria que Zelma fosse incluída entre minhas ajudantes — pedi.

— Vou enviá-la imediatamente para que ajude na limpeza dos barracões.

— E vou necessitar de duas ou três mães voluntárias.

— Certo. Em uma hora, todas estarão por lá, e com o devido material de limpeza.

Saí do escritório com a sensação de que, pela primeira vez desde minha chegada, as coisas começavam a melhorar. Segui diretamente para os barracões 27 e 29. Ao passar em frente ao 14, meus filhos Blaz e Otis correram na minha direção. Anna ficou com os mais novos, para que não me atrapalhassem na preparação dos edifícios. Quando abri a porta de madeira do primeiro barracão, um terrível cheiro de podre nos levou a tapar, instintivamente, nariz e boca. Meus filhos ficaram parados na porta, até o momento em que me viram entrar.

O local era muito mal-iluminado, como o restante dos barracões. A pouca luz vinha de um tipo de claraboia instalada na parte superior, embora alguém tenha modificado o desenho original, instalando janelas, uma de cada lado, além de uma maior ao fundo. No entanto, as janelas basculantes de madeira tapavam os vidros, deixando passar apenas alguns fiapos de luz. Blaz e Otis abriram as janelas e empurraram os basculantes de madeira. No mesmo momento, uma grande claridade tomou conta do ambiente, e pude contemplar o espaço em sua totalidade. O grande salão estava um pouco mais bem cuidado do que os nossos barracões. O piso era de madeira, instalado sobre uma câmara que isolava um pouco a umidade e o frio. No centro, havia uma grande estufa de ferro e, no quarto dos fundos, outra menor. Não tínhamos luz nem água potável, mas ao menos as crianças teriam um local onde ficar.

— Isto é um chiqueiro — disse Otis.

— É o que parece, mas nós o deixaremos tão bonito que, em alguns dias, vocês imaginarão estar de volta ao colégio — comentei, sorridente.

— Isto vai ser um colégio? — perguntou Otis.

— Claro. As crianças ficarão aqui, e mamãe dará aulas — disse Blaz, dando um cascudo no irmão mais novo.

— Ei, nada disso. A única coisa de que não sinto saudade é do colégio — queixou-se Otis.

— Vamos ter desenhos animados, cadernos, lápis de cor e leite com pão. Eu acho que você vai gostar — comentei, tentando fazer com que ele entendesse o que tudo aquilo significaria para as crianças do acampamento.

— Isso parece bem melhor — disse Otis, com um grande sorriso, pois a menção ao pão e ao leite o fez lamber os lábios, como se estivesse mentalmente saboreando aqueles deliciosos manjares.

Pegamos as três vassouras que eu levara e começamos a varrer. Em um primeiro momento, levantamos muito pó, mas as janelas abertas purificaram um pouco o ambiente. Encontramos alguns pedaços de carne podre, algo nada comum no acampamento, já que não víamos aquele tipo de comida desde nossa chegada por ali. Após lavar o chão e desinfetá-lo durante cerca de duas horas, Zelma chegou ao barracão. Ela era uma bela zíngara de pele morena, olhos verdes e marcados traços orientais. Estava muito magra e escondia seus cabelos sob um grande lenço verde. Seu vestido parecia descolorido e sujo, mas nem isso escondia sua beleza. Era mãe de dois gêmeos que viviam com ela no barracão 16.

— *Frau* Hannemann, muito obrigada por pensar em mim para ser sua ajudante — disse a jovem, de cabeça baixa.

— Não me chame de *Frau* Hannemann, meu nome é Helene. E não serei a sua chefe, vou apenas dirigir a creche com a sua ajuda — comentei.

— Trabalhar no acampamento sempre significa sobreviver em melhores condições. No entanto, se ainda por cima vou trabalhar cuidando de crianças, fico muito mais feliz — disse a jovem, com um brilho no olhar.

Zelma deve ter ouvido que teríamos leite, pão e outras coisas para as crianças. Ela sabia, sendo mãe, que aquilo poderia representar a sobrevivência de seus filhos.

— Você acha que as outras mães vão trazer seus filhos sem problemas? — perguntei. Algumas mulheres tinham muito medo de se separar dos filhos. Eram vários os rumores sobre crianças desaparecidas e maltratadas.

— Sim, sobretudo se as crianças tiverem um café da manhã de verdade. A maioria dos nossos filhos está muito magra. Desde que chegamos aqui, nunca tomaram leite nem comeram pão de verdade — disse ela, sorridente.

Durante o resto da manhã, seguimos com o trabalho. Ao meio-dia, Ludwika apareceu trazendo um pouco de comida, além das duas enfermeiras polonesas que Mengele escolhera para nos ajudar. As duas judias eram muito jovens, pareciam ter bom estado de saúde, mas não falavam alemão. Uma delas se chamava Maja, era aloirada, com bochechas rosadas e olhos negros. A outra era Kasandra, ruiva, com olhos cinzentos e sardenta. Pareciam muito tímidas e um tanto assustadas. Mas isso era normal, já que elas aparentavam estar em Auschwitz havia apenas alguns dias, e o campo era intimidador, capaz de anular a vontade de viver de qualquer pessoa. Por trás de suas cabeças baixas e seus olhos tristes, devia haver uma dolorosa história de perseguição e sofrimento. A seleção de judeus era ainda mais implacável do que a de ciganos. As famílias eram separadas ao chegar e, pelo que diziam, a condição de vida nos campos de homens e mulheres era ainda pior do que a nossa.

Quando as duas jovens viram as latas de feijões e ervilhas que comíamos, quase não conseguiram evitar se lançar em cima delas. Ludwika repartiu a comida e, embora a porção que nos foi dada tenha sido escassa, era bem mais do que se oferecia ao resto dos prisioneiros.

— Comam devagar — disse Ludwika às duas jovens, falando em polonês.

Imaginei que o fato de não falarem meu idioma seria um problema, mas não as devolveria ao seu acampamento, pois isso poderia ser uma sentença de morte. Por outro lado, muitas famílias do acampamento cigano eram polonesas, e várias crianças só falavam polonês.

Após termos comido em silêncio, continuamos a arrumar o barracão, depois passamos ao seguinte. Como o grupo era maior e, à tarde, permitiram que algumas ciganas nos ajudassem, o trabalho no segundo barracão foi muito mais rápido.

Terminamos pouco antes do jantar. Ainda era dia, mas as sombras começavam a se estender rapidamente. Cansadas, mas felizes, caminhamos para o barracão 14. No dia seguinte, começariam a chegar as tintas e demais materiais. Em pouco dias, a creche estaria pronta.

Desde minha chegada àquele terrível lugar, era a primeira vez que sentia cansaço por conta de um trabalho bem-feito. Quando chegamos à porta do edifício, as demais mães nos receberam como se fôssemos heroínas.

As duas jovens judias foram embora com Ludwika, pois dormiriam no pavilhão dos médicos e das enfermeiras. Sem dúvida, elas estavam havia tempos sem contato com a comodidade de um colchão e de lençóis limpos.

De repente, escutamos um forte grito no fundo do barracão. Anna me encarou com os olhos arregalados. Começamos a correr em direção aos gritos.

Quando chegamos ao alambrado, vimos um grupo de crianças. Todas gritavam e choravam. Afastamos as crianças. Anna continuava com o bebê nos braços, mas, ao ver um de seus netos agarrado ao alambrado, inerte, com fumaça saindo de sua roupa queimada, começou a gritar e puxar seus cabelos brancos.

A cena era terrível. Não podíamos tocar no menino, que estaria morto após a forte descarga elétrica. Por alguns instantes, contemplei a expressão de terror dos meus filhos. Emily, Ernest e Adalia correram para me abraçar com os rostos banhados em lágrimas. Dei graças aos céus ao ver que estavam bem, mas senti uma forte dor no peito ao pensar que Anna, durante o resto da vida, provavelmente sentiria um profundo vazio em seu coração. Em sua longa existência, ela vira partir vários seres queridos, mas seu neto mais novo era uma das poucas alegrias que lhe restavam.

— Fremont! — gritou Anna. E tentou se aproximar do menino, mas duas mães agarraram seus braços, impedindo-a.

Dois *kapos* e duas guardiãs se aproximaram de nós. Sem perguntar nada, começaram a nos bater com seus cassetetes. Eles não se importavam com a presença de mulheres grávidas, crianças ou idosas. A maior parte de nós se dispersou rapidamente, mas Anna continuou de joelhos, frente ao cadáver do neto.

Irma Grese começou a bater com toda a força na cabeça de Anna. A testa da idosa sangrava. Ela virou o rosto e seu olhar se cruzou com o meu. As crianças tinham voltado correndo ao interior do barracão, junto com o resto das prisioneiras, mas eu me mantive ao lado de minha amiga. As guardiãs não se atreveram a tocar em mim, pois sabiam que o doutor Mengele me protegia.

— Parem. O neto dela acabou de morrer, e ela sequer pode abraçá-lo — gritei, com lágrimas nos olhos.

— Fique calada, sua puta maldita — disse Maria Mandel, a outra guardiã.

Os *kapos* tentavam levantar a idosa, mas ela conseguiu escapar e abraçou o neto. Imediatamente, sofreu uma forte descarga elétrica que fez as luminárias do alambrado piscarem. Anna ficou se retorcendo por alguns segundos, depois caiu morta, ao lado do neto.

— Anna! — gritei, tentando me aproximar, mas os dois *kapos* me agarraram.

Os dois corpos permaneciam abraçados, unidos para sempre, como se o amor tivesse vencido aquele lugar infernal. Finalmente, eles seriam livres. Ninguém voltaria a detê-los. Enquanto os *kapos* me levavam à grande avenida, arrastando-me pelo chão lamacento, por alguns segundos desejei o mesmo fim da minha amiga. Quis fechar os olhos e ficar para sempre livre dos cansaços e desgostos da vida. Quis escapar das cordas invisíveis que me prendiam a este mundo. Talvez, seria melhor me lançar contra o alambrado e deixar que minha alma se libertasse da tirania do corpo, para depois sobrevoar os céus da Polônia em busca de um lugar melhor, onde os homens não pudessem me causar danos. Anna me deixava novamente sozinha. Sua voz doce, seus pequenos olhos enrugados, aquele sorriso vivaz que permitia entrever sua antiga beleza. Tudo isso deixara de existir. Restavam apenas pó e cinzas. A morte me pareceu um presente dos céus, mas eu sabia que isso seria impossível, que meus filhos me ancoravam à vida como um velho barco no meio de uma tormenta. Eu precisava continuar lutando por eles, precisava me agarrar à esperança, precisava encarar cada novo dia de frente, rezando para que aquele pesadelo terminasse de uma vez por todas.

9

Auschwitz, junho de 1943.

Eu nunca havia visto um dia de Natal em junho. Cerca de dez da manhã, o doutor Mengele surgira com seu automóvel militar conversível, seguido por quatro caminhões. Naquela ocasião, não se tratava de uma seleção nem de transferências. Os veículos estavam repletos de material escolar, balanços, brinquedos, cadeiras, camas e outros utensílios para a creche. Todos pareciam animados. Seminuas, as crianças corriam atrás dos carros. Várias delas cantavam cantigas de escola, como se recebessem um velho professor. A alegria se alastrou pelas mentes daquelas famílias, que só tinham visto penúria, fome e morte nos meses anteriores.

O doutor Mengele estacionou, sorridente, na porta do barracão 27 e ficou alguns segundos olhando para minha equipe, que o esperava aos pés da escadaria. Depois, olhou para a centena de pessoas, sobretudo crianças, que pacientemente aguardavam o desembarque do material destinado à creche. O doutor Mengele saiu do carro com certa agilidade e começou a procurar alguma coisa nos bolsos, depois distribuiu balas às crianças, acariciando suas cabeças e sorrindo.

Quando chegou ao meu lado, tocou uma espécie de apito, e uns vinte prisioneiros começaram a tirar todo tipo de objetos dos caminhões e levá-los para o interior do primeiro barracão. De vez em quando, eu pedia que deixassem algumas coisas no barracão ao lado.

— *Frau* Hannemann, espero que esteja contente. Consegui tudo o que a senhora pediu, além de algumas coisas mais. Esta será a melhor creche da região — disse o oficial da SS, com uma expressão infantil que, até então, eu nunca vira estampada em seu rosto.

— Muito obrigada, *Herr Doktor*. A verdade é que essas crianças precisavam de uma esperança, e o senhor a proporcionou — respondi, sem alongar muito o meu discurso. Nunca era boa ideia falar demais com um oficial da SS se houvesse outros alemães por perto.

A seu lado estava a sinistra Irma Grese e a brutal Maria Mandel. Seus rostos sérios e seus cenhos franzidos contrastavam com a expressão amável do doutor. E eu ainda me lembrava de alguns dias antes, quando elas bateram em todos os prisioneiros que tentaram se aproximar para socorrer o pobre menino eletrocutado. Sem dúvida, foram elas as culpadas pela decisão de Anna por terminar com sua vida. Aquelas mulheres não tinham alma? Eu não entendia por que elas não sorriam, mesmo vendo tantas crianças felizes.

Irma me encarou firme, seu olhar expressava um ódio profundo, como se sentisse nojo do que o doutor fazia por nós. Logo começou a pedir a todos que se dispersassem, afastando-se com outra guardiã. Os alemães não permitiam a formação de grupos tão numerosos. No entanto, permitiram que as crianças ficassem pelos arredores.

Um grupo de prisioneiros começou a montar os balanços e a caixa de areia, para que as crianças mais jovens pudessem brincar. Outro grupo se dedicou à instalação elétrica. Não teríamos água corrente, mas o doutor Mengele conseguira grandes reservatórios que nos proporcionariam ter água potável diariamente. Um verdadeiro luxo para aquele campo infecto, com água insalubre.

Enquanto os prisioneiros terminavam os trabalhos, eu e minha equipe nos dedicamos a pintar as paredes em tons coloridos e a desenrolar alguns tapetes com desenhos, pois queríamos que a creche e a escola infantil fossem inauguradas no dia seguinte. Peguei várias latas pequenas de tinta, um pincel e fui à fachada principal, onde escreveria a palavra *Kindergarten*. O doutor continuava do lado de fora do edifício, fazendo a supervisão do trabalho dos homens. Esquálidos em seus uniformes listrados, eles tentavam não demonstrar qualquer debilidade.

Comecei a escrever com diferentes cores, e o doutor me observava, em silêncio. Não era muito normal vê-lo tanto tempo fora do hospital ou do laboratório que improvisara atrás da Sauna. Sem dúvida, ele queria desfrutar o momento.

— A senhora acha que estará tudo pronto amanhã? — ele me perguntou.

Eu estava de costas para ele, mas não me virei, pois queria terminar de desenhar bem as letras. Com a lata de tinta em uma das mãos e um pincel na outra, respondi:

— Essa é a ideia. Quero que as crianças aproveitem as instalações o mais rápido possível — respondi, começando a desenhar a letra seguinte.

— Maravilha! — ele exclamou, entusiasmado. — Amanhã chegará uma comissão vinda de Berlim, e eu queria mostrar a eles o que estamos fazendo por aqui.

Mesmo sabendo que a creche faria parte do aparato de propaganda nazista, parecia cedo demais para que nos utilizassem como vitrine ao mundo. Em uma das últimas vezes que fui com meu marido ao cinema, antes do filme, passaram uma breve reportagem sobre Theresienstadt, na Boêmia, para onde milhares de judeus eram deportados e onde diziam ter uma vida, em parte, normal. No vídeo, víamos os prisioneiros em bicamas com cortinas, enfermeiras e pessoas sentadas a mesas lendo, costurando e conversando. Agora, eu sabia que aquilo era uma grande mentira, mais uma das "realidades" manipuladas pelos nazistas. De certa maneira, a creche de Auschwitz colaboraria para a formação da farsa de um mundo irreal, um mundo no qual a SS tratava bem seus inimigos.

— No que a senhora está pensando? — perguntou Mengele, passando suavemente sua mão sobre meu ombro direito.

Aquele gesto de proximidade me perturbou. Eu preferia enxergar os nazistas como monstros desumanos. Quanto mais humanos conseguiam ser, mais me horrorizavam, pois isso significava que todos poderíamos nos transformar em seres tão desprezíveis quanto eles. A maldade se movimentava livremente entre os alambrados daquele lugar horrendo.

— Tudo ficará pronto — respondi, querendo encerrar o assunto e parar de pensar em como os nazistas conseguiam nos manipular e nos transformar exatamente naquilo que tanto odiávamos.

— Muito bem. Bom trabalho, *Frau* Hannemann! — disse o doutor. Depois, tirou o quepe por alguns segundos e, com cuidado, arrumou seus fios de cabelo castanhos e seu penteado repartido para um lado.

Escutei suas botas ressoando sobre as tábuas de madeira, virei o rosto e o vi se aproximando da grande avenida, enquanto as crianças corriam à sua volta. Ninguém diria que aquele homem era seu carcereiro. As crianças o tratavam com carinho, e ele sabia arrancar demonstrações de afeto e sorrisos dos pequenos.

Terminei de pintar e fiquei observando durante alguns segundos, até escutar uma voz às minhas costas:

— O doutor é bom ou mau, mamãe?

Virei o rosto e vi meu filho Otis, com uma roupa curta para o seu tamanho e as pernas nuas, cheias de arranhões e manchas roxas. Sua aparência não era muito diferente da aparência de uma criança normal do outro lado do alambrado. Eu não sabia o que responder. Sem dúvida, Mengele era um criminoso, como todos os que nos enviaram a Auschwitz contra a nossa vontade. Sim, é possível que se mostrasse mais amável do que outros soldados ou guardiãs, mas aquilo não alterava sua condição de carrasco. Minha verdadeira dúvida era como advertir a meu filho que não se aproximasse demais do doutor e, ao mesmo tempo, não espalhasse pelo acampamento que eu falara mal de Mengele.

— Neste lugar, não temos amigos entre as pessoas que nos prenderam. Não quero que você odeie ninguém, mas fique longe deles, entendido? — perguntei, em tom seco.

Otis se afastou e seguiu em frente com suas brincadeiras infantis. Mas Blaz se aproximou, com uma lata de tinta nas mãos e dizendo, em voz baixa:

— Os soldados pagam algumas meninas para que durmam com eles. Uns *kapos* e um homem mais velho organizam tudo isso. Quem me contou foi um jovem chamado Otto, que limpa o quarto após a festa. Algumas meninas são obrigadas, outras fazem em troca de um pouco de comida.

Fiquei horrorizada ao pensar que meu filho sabia de tudo aquilo. Ele estava sendo obrigado a amadurecer muito rápido e não estava preparado para entender o terrível funcionamento da vida.

— Afaste-se deles! — respondi, muito nervosa. Eu temia que essa gente pudesse destruir meus filhos.

Kasandra e Maja saíram da creche. Porém, ao ver minha expressão de raiva, baixaram os olhos e voltaram a entrar, rapidamente.

— Sinto muito, meu filho, mas eu não quero que nada ruim aconteça com você. A partir de hoje, não se afaste muito dos barracões da creche, entendido?

— Sim, mamãe — ele respondeu, com a cabeça baixa.

Quando entrei no barracão, vi como a creche ficara e voltei a ficar mais calma. As paredes coloridas pareciam transformar aquele lugar em algo especial, um oásis no meio do mais terrível e desolado deserto polonês.

— Ficou lindo — disse Zelma, animada. A jovem mãe cigana parecia tão animada que tentei mudar meu ânimo. No final das contas, aquele lugar era um raio de esperança em meio a tanta escuridão.

Após várias horas de preparativos, decidi reunir todas as professoras para almoçar e organizar o trabalho. Eu sabia que cuidar das dezenas de crianças que frequentariam a creche não seria tarefa fácil.

Tínhamos de estar preparadas e bem-organizadas. Após a refeição, Ludwika se juntou a nós e aproveitou para traduzir o que dizíamos às duas ajudantes polacas, que mal entendiam alemão.

— Temos de anunciar às mães que a creche e a escola infantil começarão a funcionar amanhã. Não sabemos o número exato de crianças que vivem no acampamento cigano, provavelmente umas cem. Só da escola-orfanato de Stuttgart, trouxeram umas quarenta crianças há alguns dias. Nem todas são pequenas, mas algumas sim — comentei, começando a organizar as fichas.

— Qual será o horário de funcionamento? — perguntou Maja.

— Acredito que um horário razoável seria das oito da manhã às duas da tarde — respondi.

— Na minha opinião, são muitas crianças para poucas cuidadoras — disse a outra enfermeira judia, Kasandra.

— Você tem razão — respondi. Eu já tinha pensado nisso. Especialmente as crianças pequenas necessitam de muita atenção, sobretudo os bebês.

— Proponho escolhermos mais umas três mulheres. Podem ser mães ciganas, que falam os demais idiomas do acampamento — disse Ludwika.

Desde o princípio, minha amiga enfermeira quis participar das atividades da creche.

Anotei tudo o que dizíamos, pois queria mostrar os detalhes ao doutor Mengele, para que ele aprovasse o protocolo de funcionamento da creche.

— Você acha que vai ser difícil convencer as demais mães a deixarem seus filhos conosco? — perguntei a Zelma.

— Certas mães ciganas são muito apegadas aos filhos, mas todas sabem que, na creche, eles terão cuidados que elas não poderiam oferecer em seus barracões. A maior parte das crianças está doente ou debilitada.

— Tem razão. Nossa missão, hoje à tarde, será informar a todas as mães do campo. E também aos tutores dos órfãos — comentei.

— Não será muito precipitado inaugurar amanhã? — perguntou Ludwika, estranhando minha pressa.

— Ao que parece, visitantes virão ao campo, e o doutor Mengele quer ver a creche em funcionamento — respondi.

Ludwika moveu a cabeça de um lado a outro. Não era a primeira vez que os nazistas organizavam uma visita guiada à alta hierarquia de Berlim, e nós nos sentíamos como animais em um zoológico, tema de piada e desfrute de nossos carrascos. Por isso, tentei mudar de assunto para animar minha equipe.

— Temos material escolar, umas batas pequenas, mesas e cadeiras, dois quadros negros, giz, lixeiras. As estufas funcionam, embora não sejam necessárias nesta época do ano. Temos um pequeno projetor de cinema e cinco filmes de desenhos animados. Também instalaram eletricidade e, sobretudo, temos alimentos. Temos leite, pão, algumas verduras, um pouco de embutido e outros alimentos não perecíveis, como leite em pó, carnes e peixe em conserva, alimentos para bebês e medicamentos básicos para baixar a febre ou lutar contra pequenas infecções — comentei, com um amplo sorriso no rosto.

As mulheres aplaudiram, demonstrando alegria pela primeira vez naquela tarde. Eram tão raras essas demonstrações de felicidade, que olhamos para todos os lados, pois não queríamos que ninguém nos escutasse. Porém, as únicas pessoas que se aproximaram ao ouvir nossos gritos de júbilo foram meus filhos, que brincavam no pequeno quarto que eu transformara na nossa nova casa.

Adalia surgiu sorridente, com um bigode de leite. Pela primeira vez, desde nossa chegada ali, parecia desperta e animada. A alimentação escassa contribuíra para que as crianças parecessem sem vida, mas a comida começava a animá-las novamente. Os gêmeos carregavam alguns brinquedos, e os dois mais velhos, cadernos e lápis.

— Continuem brincando. Não aconteceu nada — falei a meus filhos. Os cinco sorriram e voltaram ao quarto.

— Eles estão muito bem — comentou Ludwika.

— Sim, graças a Deus — respondi, sem conseguir evitar um sorriso.

Eu já não me sentia uma prisioneira. Aquelas grades tinham se tornado invisíveis aos meus olhos. O horizonte era a única coisa que eu desejava contemplar naquele dia. Minha alma se sentia livre, aqueles assassinos violentos nunca conseguiriam roubá-la. Eu sabia que, para eles, nossa felicidade era parte de sua tristeza. Eles comiam melhor do que nós, desfrutavam de intermináveis excursões nos finais de semana e faziam sexo uns com os outros. Eram pouco mais que animais selvagens, cruéis e sem piedade, mas que brincavam como crianças sem alma, com brinquedos podres, donos de decisões capazes de ceifar a vida de centenas de pessoas.

Continuamos trabalhando por mais algumas horas, depois saímos em duplas para conversar com as mães. Tínhamos de convencer todas elas a vestirem e prepararem seus filhos antes das oito horas. As quatro mães ciganas os recolheriam, seguindo dos primeiros aos últimos barracões.

Eu caminhava com Zelma, que começou a conversar sobre Anna:

— Anna estaria adorando este momento.

— Sim, mas ela está em um lugar melhor. Ao que tudo indica, a única maneira de sair de Auschwitz é morrendo — comentei.

— Conheci dois ciganos que conseguiram escapar. Eles participaram da construção desta parte do campo, mas agora as medidas de segurança são muito mais duras.

Caminhamos quase até o fim do acampamento, aproximando-nos dos banheiros. Estávamos em plena hora livre e imaginamos que algumas mães estariam dando banho em seus filhos. Quando passamos perto do último barracão, vi um trem. Uma enorme multidão tentava segurar seus pertences enquanto os policiais nazistas faziam sua seleção. Eu tinha praticamente esquecido que, semanas antes, chegara em um desses terríveis meios de transporte. E me lembrei de Johann. Não sabia nada sobre ele havia semanas. Pensei em separar um tempo para, no dia seguinte, entregar uma solicitação a Elisabeth Guttemberger.

— No que você está pensando? Está tão calada — disse Zelma.

— Estava me lembrando da terrível viagem que tivemos, quando viemos de Berlim — respondi.

— Eu vim do gueto de Łódź. Por algum motivo, acho que eles reuniram todos os ciganos aqui. Eu estava naquele inferno desde 1941, e lá nasceu minha filha. O menino já tinha nascido. Era muito complicado conseguir comida, e os judeus nos discriminavam. Por causa disso, conseguir trabalho também era complicado. As únicas pessoas do gueto que ganhavam dinheiro eram as que trabalhavam para alguma indústria dos arredores. Após muito tempo, meu marido conseguiu um trabalho em uma fábrica de rodas, e nossa condição melhorou um pouco — disse Zelma, como se recordar tudo isso fosse muito doloroso.

— O que aconteceu com seu marido? — perguntei. Porém, ao terminar de pronunciar minhas últimas palavras, percebi que tal pergunta voltaria a remover seus sentimentos. E Zelma se limitou a baixar a cabeça.

Ficamos olhando para os pobres passageiros da morte. Naquele caso, eram pessoas bem-vestidas, sem dúvida vindas de alguma rica cidade da Boemia ou Polônia. No entanto, aquele bom aspecto não demoraria muito a ser transformado. Em poucos dias, eles mal se reconheceriam diante de um espelho. Naquele momento, porém, mantinham-se arrogantes e exigentes, como se estivessem em uma viagem, como se Birkenau fosse um balneário ou uma área turística dos Alpes. Os alemães tentavam tranquilizá-los e se mostravam muito pouco agressivos com os mais agitados. Por algum motivo, reparei em uma menina nova, de cabelos loiros, que parecia perdida entre a multidão. Seu casaco verde era lindo. Nas mãos, ela carregava uma pequena mala. A coitada chorava e caminhava de um lado a outro, tentando encontrar sua família. Um oficial se aproximou dela, de mãos dadas com outra menina. As duas eram iguais, idênticas. O oficial se agachou e começou a acariciar a cabeça das duas. De onde estávamos, era impossível distinguir com clareza, mas, quando ele ficou de pé, eu não tive dúvida: era o doutor Mengele.

O oficial deixou as gêmeas com um de seus ajudantes e se postou à frente dos grandes grupos nos quais os recém-chegados foram divididos. Depois, com um único gesto, começou a enviá-los para a direita e para a esquerda. A distância, eu não via a expressão em seu rosto, mas seu corpo parecia tranquilo, como se aquilo não passasse de uma rotina para ele. E me lembrei do dia em que um oficial separou meu marido do resto da família. Percebi a raiva e a fúria surgindo em meu ventre. Senti vontade de vomitar.

— Tudo bem, *Frau* Hannemann? — perguntou Zelma, ao me ver pálida.

— Sim, só estou um pouco enjoada — respondi, inclinando meu corpo para a frente.

Nesse momento, tive uma ânsia de vômito e não resisti. Vomitei sobre a terra lamacenta da avenida. Meu estômago parecia a ponto de sair pela boca. De alguma maneira, meu espírito compreendera que estava servindo ao diabo em pessoa, embora minha mente continuasse negando tal fato.

Voltamos ao barracão da creche. Meus filhos me esperavam impacientes. Queriam jantar e se deitar. Todos ansiavam pela chegada do dia seguinte, pois queriam ver com os próprios olhos a inauguração da creche. Tentei disfarçar, mas eu perdera completamente a ilusão nas últimas horas. Imaginava como seria a visita dos hierarcas nazistas no dia seguinte e sentia ânsias de vômito novamente.

Zelma se despediu de mim na porta, prometendo que voltaria com outras três ajudantes no dia seguinte. Eu confiava nela. Mesmo jovem, demonstrava ser uma boa colaboradora. Além disso, eu me identificava com ela. As duas tínhamos perdido nossos maridos, embora eu ainda nutrisse a esperança de reencontrar o meu.

Em nosso quarto, havia duas camas. Em uma delas, dormiriam Otis e Blaz, além dos gêmeos Emily e Ernest. Na cama menor, eu dormiria com Adalia. Comparadas às úmidas e terríveis camas dos barracões, aquilo parecia um hotel de luxo. Os pedreiros tinham isolado bem as paredes e o teto. O lugar nos parecia seco, limpo e quente.

Antes que os mais novos dormissem, aproveitei para ler uma das novas historinhas infantis. Não víamos um livro havia tempos. Por isso, meus três filhos mais novos ficaram de olhos arregalados enquanto, lentamente, eu passava as folhas decoradas com desenhos atraentes.

Quando fechei o livro, Adalia já tinha dormido. Eu a cobri e levei os gêmeos à outra cama.

— Boa noite, meus anjinhos — eu lhes disse, dando-me conta de que estávamos sozinhos pela primeira vez desde nossa chegada ao campo.

Outra coisa que Auschwitz nos roubava era o direito à individualidade e à intimidade. Ninguém nunca estava só, mal podíamos pensar ou refletir. Afinal, quando não éramos atacados pela fome, surgia a dor, o terror e a humilhação, e tudo isso transformava nossas mentes em máquinas.

— Mamãe, por que você não canta uma cantiga? — pediu Emily. Seus lindos olhos claros pareciam se derramar sobre os meus.

— Tudo bem, mas só uma.

Escutei, com estranheza, minha voz ressoando no barracão. Eu mal reconhecia meu timbre, mas logo me lembrei da minha infância e dos dias felizes ao lado dos meus filhos. Eles eram especiais para mim. Pertenciam à interminável sucessão de degraus que formavam minha vida. De Blaz, o mais velho, até Adalia, cada um deles era único. Todos tinham sua personalidade, gostos e opiniões. Eu os amava com toda a força e sabia que, àquela altura da guerra, o simples fato de estarmos todos vivos e juntos era um milagre. Emocionei-me ao entoar a última parte daquela canção de ninar. De certa maneira, era como se voltasse àquela manhã, nas escadarias do meu prédio, quando desejei com todas as minhas forças que a desgraça passasse longe da minha vida. No entanto, naquele mesmo dia, seria *eu* a eleita para fazer parte da gigantesca fábrica de terror que era o sistema de campos de concentração.

As últimas palavras saíram da minha boca com um tom de tristeza e melancolia. As canções de ninar nunca têm brilho, pois sua principal função é relaxar as crianças pequenas. Por isso, quando voltei a olhar para os gêmeos, eles dormiam. Blaz e Otis me deram um beijo no rosto e se cobriram, um ao lado do outro.

Antes de dormir, coloquei um casaco leve sobre os ombros e voltei ao salão principal. Acendi a luz e fiquei, por alguns segundos, contemplando as paredes com desenhos, as mesas da escola, o grande quadro negro na parede. Imaginei estar vivendo um sonho. Aquela seria a creche de Auschwitz, o que soava estranho, mas era absolutamente real. O segundo pensamento que atravessou meus pensamentos foi: de onde os nazistas teriam trazido todo aquele material? Eu sabia que não deveria me fazer aquele tipo de pergunta, mas foi impossível não pensar que tudo aquilo poderia ter vindo de alguma escola próxima, desmantelada pela SS para construir a nossa.

Sentei-me em uma cadeira, peguei um caderno de folhas quadriculadas, uma caneta e comecei a escrever.

Querido esposo,

Sei que é absurdo fazer um relato da minha vida no acampamento. Você, sem dúvida, deve estar em um lugar igual ou pior do que este. No entanto, nós sempre nos contávamos tudo, lembra? Quando você ficou sem trabalho, e eu estava nos últimos dias de gravidez da nossa filha mais nova, caminhávamos durante horas pelas ruas de Berlim. Já não podíamos entrar nos parques, como se fôssemos portadores de uma peste, mas os lindos bulevares da cidade nos pareciam suficientes para seguirmos sonhando. Conversávamos sobre viajar à América e também sobre como seria nossa vida se os alemães, finalmente, caíssem em si e dessem as costas a Hitler. Sobretudo, comentávamos sobre o que acontecia na vida das crianças e relatávamos os acontecimentos da semana.

Eu precisava derramar todos os meus sentimentos e temores naquela folha de caderno escolar.

Hoje, eu me sinto da mesma maneira, como se estes cadernos formassem parte daquelas longas caminhadas. Embora você não esteja ao meu lado, continuamos caminhando juntos, de braços dados, encarando o destino de frente...

Escrever um diário em um lugar como aquele era quase como burlar a brutal opressão de nossos carrascos. Eles queriam roubar até a nossa memória, por isso aquelas letras apertadas desejavam cercar nossas lembranças, para que ninguém se atrevesse a roubá-las. Talvez, fosse uma forma de exorcizar o perigo que continuava rondando nossas cabeças. Uma sentença de morte que incluía os nomes de todos nós. No final das contas, todos vamos morrer mais cedo ou mais tarde. Porém, no campo de concentração, a sensação não era de morrer, mas de deixar de existir. Famílias inteiras eram trancafiadas, e poucos saíam com vida de suas cercas eletrificadas. Ninguém se lembraria dessas pessoas. Sua memória se dissiparia como a névoa se dissipa quando o sol começa a esquentar a Terra. Como se fosse uma fumaça, o nada infinito, um vazio inexistente, o ser humano se transforma em pouco mais do que um suspiro exalado na eternidade. E eu imaginava que fôssemos imortais, pois meus pais sempre diziam que nossos nomes estariam para sempre na memória de Deus. No entanto, os nazistas queriam nos apagar da face da Terra, levando-nos para sempre ao limbo dos não nascidos.

10

Auschwitz, junho de 1943.

Acordei cedo, pois queria organizar bem o primeiro dia de aula. Em poucas horas, o doutor Mengele chegaria com alguns representantes da alta hierarquia nazista, e eu não queria que eles tivessem uma impressão ruim da creche nem da escola infantil. Tivemos poucas horas para nos organizar, e tudo era novo para nós. Deixei meus filhos dormindo e comecei a preparar o material escolar, coloquei um filme no projetor e depois fui ao outro pavilhão para ver como estava tudo por lá. Quando abri a porta, encontrei Maja e Kasandra, e as duas enfermeiras polonesas pareciam muito bem-dispostas. Nós nos cumprimentamos, e elas tentaram se expressar em alemão. Enquanto terminávamos de ordenar as coisas, eu pensava se Zelma conseguira as três ajudantes e se fora capaz de convencer as mães ciganas a nos confiarem seus filhos durante toda a manhã.

Voltei ao primeiro barracão e vi que um grupo de crianças se aproximava. Eram os órfãos que tinham chegado havia alguns dias e que os nazistas acomodaram no barracão 16. Os únicos a vir à creche eram os menores, mas seu aspecto era totalmente desastroso. Estavam sujos, com os cabelos oleosos e repletos de piolhos. Eram acompanhados por um jovem encarregado de cuidar deles, e que, evidentemente, não fazia muito bem o seu trabalho.

— As crianças não podem frequentar a creche e a escola infantil neste estado. Vamos levá-las à Sauna para que seus cabelos sejam cortados e tomem banho — avisei, franzindo a testa para o jovem.

As duas enfermeiras polonesas vieram me ajudar. Peguei duas das crianças mais novas pelas mãos, e a fúria que sentia pouco a pouco se transformou em pena. Aquelas pobres crianças tinham perdido seus pais e, após vários anos em um orfanato dirigido por freiras, foram levadas ao inferno pelos nazistas. Ajudei os mais novos a tirarem suas roupas. Seus corpos frágeis e magros estavam tomados de sujeira, além de manchas roxas e feridas.

— Obrigada. Você faz como minha mãe fazia — disse-me uma menina de longos cabelos castanhos, quando comecei a esfregar seu corpo sob a água morna. Aquilo partiu meu coração. Quem dera eu pudesse ser a mãe de todas aquelas criaturas.

Engoli em seco para não chorar. Quanto sofrimento aquela guerra gerara. Sobretudo, quanta maldade nascera de pessoas que acreditavam ser superiores às demais por conta da cor de sua pele, sua origem ou seu idioma. Quando terminamos de limpar as crianças, voltamos com elas aos barracões. Ainda bem cedo, tinha chegado outro grupo que deveríamos atender. A maior parte deles eram gêmeos, e muitos não eram ciganos. Mengele, havia alguns dias, começara a trazer essas crianças de suas seleções e as guardava sob os cuidados de uma mulher, no barracão 32, onde montara seu laboratório pessoal. Todos nos perguntávamos por que ele fazia isso, mas poucos se atreviam a expressar tal questionamento. Os rumores sobre seus experimentos começavam a se espalhar pelo campo. Nós sabíamos que ele fora enviado a Auschwitz com uma missão que não tinha nada a ver com salvar os pobres prisioneiros ciganos. Eu não podia negar que seu interesse por gêmeos me inquietava. Por conta disso, não queria que Mengele se aproximasse dos meus filhos e tampouco permitia que eles se aproximassem do pavilhão onde o doutor instalara seu laboratório.

Dividimos as crianças por idade. Ainda nem tinham chegado todas e mais de meia centena de criaturas entre três e sete anos já estavam por ali. Quando os coitadinhos entravam na creche ou na escola infantil, vendo as paredes pintadas com desenhos, as mesas e os cadernos com lápis, ficavam de boca aberta ou começavam a dar gritos de emoções.

A maior parte deles não via uma escola havia anos. Para alguns, era seu primeiro contato com o ambiente escolar. Enquanto as duas enfermeiras polonesas cuidavam dos mais velhos, tentei organizar os mais novos na creche. Quando todos estavam sentados, com seus aventais postos, comecei a oferecer o café da manhã. Meus três filhos mais novos estavam sentados em uma das mesas. Otis fora ao outro barracão, mas Blaz se empenhara em me ajudar na creche. Aos 11 anos, ele não poderia ser aluno da escola, mas serviria como meu ajudante.

Apesar da fome que sentiam, as crianças esperaram pacientemente que todos os copos de leite fossem servidos, depois lhes oferecemos biscoitos. Embora estivessem um pouco rançosos, para eles era como saborear o mais delicioso manjar.

Zelma chegou um pouco tarde, mas conseguira trazer grande parte das crianças. Duas mães ciganas acompanharam parte do grupo ao outro edifício, e ela ficou comigo e mais uma mulher.

Colocamos as crianças sentadas nas mesas vazias, e elas começaram a tomar café junto às demais. Quando terminaram, fizemos a ficha de cada criança. Era quase meio-dia quando o trabalho foi concluído. Tínhamos sete nacionalidades por ali, crianças ciganas e algumas judias. Não seria fácil integrar todas elas. Daríamos aula em alemão e polonês, os idiomas entendidos pela maioria.

Reunimos as crianças dos dois barracões e passamos um filme do Mickey Mouse. Todos sabiam que os desenhos animados do ratinho eram os preferidos de Adolf Hitler e que, antes da guerra, Walt Disney mantivera um relacionamento estreito com os nazistas. Infelizmente, várias ideias de Hitler tinham viajado aos Estados Unidos e à Inglaterra. No entanto, as crianças eram indiferentes a isso. A maior parte delas nunca vira um desenho animado e ficou hipnotizada, enquanto o ratinho fazia todo o tipo de piruetas e loucuras com seu cachorro, o Pluto. Aproveitamos a tranquilidade das crianças e as deixamos a cargo de Blaz. Merecíamos um pequeno descanso.

As duas enfermeiras polonesas começaram a fumar, enquanto as mães se sentaram nas escadas para comer um pedaço de pão com queijo. Zelma foi a única a ficar ao meu lado. Eu olhei para o outro lado do alambrado. O campo do hospital era menor do que o restante, e a grande esplanada vazia era, às vezes, usada para pequenas partidas de futebol entre os *Sonderkommandos* e os guardiões nazistas. No domingo anterior, tínhamos visto um deles colado ao alambrado. Além dos concertos, esse era o único momento de ócio permitido no campo.

— Está feliz? Tudo saiu como previsto — disse Zelma.

— Sim, mas estou desejando que a visita dos nazistas termine — comentei, um pouco inquieta. Eu sabia que qualquer capricho ou comentário dos altos cargos alemães seria escutado com atenção pelo comandante do campo. Não poderíamos nos permitir nenhum passo em falso.

— Tudo vai dar certo. Os barracões estão lindos, e as crianças parecem outras, mais alegres e saudáveis — disse Zelma, encarando-me profundamente.

— Acho que você é mais otimista do que eu. Eles estão há apenas um dia conosco — respondi, sorridente. E eu gostava muito daquele otimismo, que era escasso em Auschwitz.

Escutei o rugido de vários motores e, quando olhei para o início da avenida, percebi claramente quatro veículos pretos que avançavam lentamente pelo acampamento cigano. Fiquei tão nervosa que comecei a dar ordens como uma louca. Arrumei os aventais das minhas colaboradoras e pedi que agissem com naturalidade, que não parecessem nervosas, embora eu mesma estivesse frenética.

Quando a comitiva parou a uns vinte metros da creche, desci as escadas e coloquei as ajudantes em fila, como se fôssemos um grupo de soldados que seria passado em revista. Eu não queria nem olhar, limitei-me a ficar em posição de sentido, em frente às demais mulheres.

Não o vi chegar, mas, quando ergui a cabeça, após ter escutado uma voz, percebi que estava diante de Heinrich Himmler em pessoa, o *Reichsführer-SS*, um dos homens mais poderosos da Alemanha. Eu o conhecia graças às notícias que antecediam os filmes no cinema. Nunca estive em uma concentração nazista e proibira que meus filhos participassem das juventudes hitleristas. Porém, sendo ciganos, eles nunca teriam sido admitidos. O semblante de Himmler não era imponente. Seu rosto pálido, com olhos pequenos atrás de óculos redondos, dava-lhe o aspecto de um funcionário comum, mas todos sabíamos ser um dos homens mais perigosos do Terceiro Reich. Sua voz era suave, e ele se vestia de maneira impecável, como se estivesse acima de toda a miséria que o rodeava e que ele mesmo se encarregara de criar. Himmler sorriu para mim e, amavelmente, perguntou:

— A senhora é a diretora da creche? *Herr Doktor* Mengele me falou muito bem da senhora. O que um local como este precisa é de uma alemã.

Não soube o que responder, fiquei olhando para ele, com um leve tremor, como se voltasse a ser uma menina pequena enfrentando um severo professor.

— Obrigada, *Reichsführer-SS* — respondi, gaguejando.

— Esta é a creche? E pensar que o lixo comunista e judeu diz que não somos humanos — comentou Himmler, falando ao resto da comitiva, que começou a rir.

O *Reichsführer-SS* cumprimentou as demais ajudantes, mas a elas não estendeu a mão, como se temesse o contágio das raças inferiores. O doutor Mengele se adiantou, sorrindo, e me apresentou ao comandante do campo, Rudolf Höss.

— Muito bom trabalho, *Frau* Hannemann. O doutor Mengele destacou sua disposição e sua entrega. Nós, alemães, sempre apreciamos quem nos dá a oportunidade de demonstrar do que somos capazes — disse ele, erguendo o olhar e contemplando o letreiro que eu pintara no dia anterior.

Mengele se limitou a sorrir e passar uma das mãos pelas minhas costas, indicando que eu deveria lhes mostrar as instalações. Os três homens e o resto da comitiva me cederam o passo e, quando entrei na sala, pedi às crianças que ficassem de pé. Blaz parou a projeção, e as mulheres rapidamente abriram os batentes das janelas, para que a suave luz da primavera polonesa entrasse através dos vidros.

As crianças olhavam para os homens um pouco temerosas. Os uniformes da SS impunham respeito a todos os prisioneiros, e até os mais jovens sabiam que o melhor era se manter longe dos uniformes pretos. O único que não parecia lhes dar medo era o doutor Mengele, que se aproximou da primeira mesa e se agachou, oferecendo doces às crianças.

— Este lugar não deve nada a muitas escolas alemãs — disse Himmler, pousando as mãos na cintura.

— Queremos que as crianças ciganas e os gêmeos de *Herr Doktor* vivam nas melhores condições possíveis — comentou Rudolf Höss.

— Muito obrigado, comandante — disse Mengele, com uma ligeira inclinação da cabeça.

— Quantas crianças estão na creche? — Himmler me perguntou.

— No total, são 98 crianças. Na creche, 55. E outras 43, na escola infantil — respondi.

— Em que idioma vocês ensinam? — perguntou de novo o líder nazista.

— Em alemão e polonês — respondi, um pouco indecisa. Temia que ele não gostasse de saber que ensinávamos em polonês.

— Excelente — disse ele, tocando o próprio queixo.

Himmler se agachou e se aproximou de uma das crianças. Era um cigano chamado Andrés, que encarou-o firme, sem mostrar qualquer sinal de temor. O nazista tirou o chapéu e passou a mão pelos cabelos curtos, antes de perguntar ao menino:

— Você gosta da escola?

— Sim, *Her Kommandant* — respondeu o menino, muito sério. Ele tinha apenas quatro anos, mas parecia mais maduro do que a maior parte das crianças de sua idade.

— Vocês tomaram um bom café da manhã? — perguntou o nazista.

— Sim, tomamos leite e comemos biscoito — respondeu o menino.

— Era isso o que eu tomava quando criança — disse o alemão, com um sorriso.

Em seguida, ergueu o olhar e encarou o resto da turma. Antes de se colocar novamente de pé, perguntou a outro menino, sentado ao lado do primeiro:

— Você sabe para que servem as grandes chaminés que existem do outro lado dos alambrados?

O menino pensou por alguns segundos. Depois, com olhar sagaz, respondeu:

— É onde fazem o pão do acampamento. Os padeiros preparam o nosso pão todos os dias.

Himmer se levantou contente, tocou o cabelo do menino e se despediu do resto da turma, que respondeu em coro. Os oficiais foram embora, e eu os segui.

— Está tudo em ordem — disse o comandante do acampamento —, mas acho que as crianças devem estar mais asseadas. Sei que os ciganos cheiram mal, mas devemos evitar que cheirem tão mal.

Aquele comentário fez meu estômago se revirar. O comandante sabia perfeitamente que meus filhos eram ciganos, mas para ele éramos uma espécie de animal. Sem dúvida, ele tratava bem melhor seus cachorros do que nós.

— Sim, *Her Kommandant* — respondi, tentando suavizar a expressão em meu rosto.

O último a me cumprimentar foi o doutor Mengele, que apertou meus ombros com suas mãos ossudas e frias. Depois, sorridente, ele me disse:

— Bom trabalho. Conversaremos mais tarde.

Quando a comitiva voltou aos seus carros, saindo do acampamento cigano, todos respiramos mais aliviados. Enquanto minhas ajudantes davam algo para as crianças comerem, antes de mandá-las de volta aos barracões de origem, minha amiga Ludwika veio me visitar. Ela parecia um pouco alterada, embora o hospital tivesse escapado da visita dos altos comandantes, pois eles morriam de medo de serem contagiados por um doente.

—Como foi tudo?

— Muito bem, eu acho. Mas com esses corvos negros nunca se sabe — respondi, brincando um pouco com a situação. Eu precisava relaxar.

— Vamos caminhar um pouco — disse minha amiga.

Nós nos afastamos dos edifícios e seguimos para os fundos do campo. Na grande estação, onde costumavam parar os trens (por coincidência, aquela manhã não chegara nenhum), estavam dispostos alguns membros da orquestra de Auschwitz. Quando os carros da comitiva passaram na frente deles, todos começaram a tocar. Dirigindo o grupo de mulheres estava Alma Rosé, violinista austríaca que cuidava da orquestra feminina. Enquanto tocavam, suas mentes pareciam escapar dos alambrados. Porém, como pássaros enjaulados e de asas quebradas, a música que tocavam sempre parecia melancólica.

Minha amiga suspirou enquanto os carros pararam brevemente diante das prisioneiras. Foi impossível não me lembrar do meu marido, que eu não sabia onde estava. De certa maneira, eu temia que algo ruim tivesse acontecido com ele, mas rezava todas as noites para que Deus o protegesse e voltássemos a nos reunir. O Criador do Universo deve ter trabalhado muito naquele verão de 1943. No entanto, para a maior parte dos humanos, nossos problemas são sempre os mais importantes do mundo.

— Você acha que sairemos vivas daqui algum dia? — perguntou Ludwika, enquanto a banda continuava tocando.

Olhei para o céu azul e depois para o bosque, que começava a ficar verde novamente, e também para as flores, que cresciam entre as ervas. A primavera conseguia surgir entre as bombas e os campos repletos de cadáveres vindos de várias partes do mundo. Aquela era a maior prova de que a vida continuaria a existir quando tudo aquilo chegasse ao fim.

— Sim, nós vamos sair daqui, embora eu não tenha certeza se com vida. Porém, eles só conseguiriam reter nossos corpos, esta mistura de carne e osso que pouco a pouco se transforma em pó, mas nunca nossa alma.

Fiquei surpresa com minhas próprias palavras. Não costumava mencionar a morte no campo, muito menos na frente de uma companheira, mas havia algo libertador em estarmos conscientes de que os nazistas não seriam capazes de exterminar nossas almas.

Em silêncio, seguimos de volta aos barracões, e a alegria das crianças voltou a nos animar. Os alunos saíram de forma ordenada, divididos em três grupos. O primeiro seguiu para o barracão-orfanato, o segundo, em direção ao barracão em que Mengele os mantinha, bem ao lado do seu laboratório, e o terceiro voltou para junto de suas famílias.

Maja e Kasandra me ajudaram a ordenar as salas de aula. Depois, comi com meus filhos. Estava muito cansada. A tensão daquele dia tinha me deixado exausta. Eu queria que meus filhos dormissem cedo, pois pretendia escrever uma ou duas páginas e dormir. O sono era um dos poucos momentos em que nos sentíamos verdadeiramente livres.

As crianças comeram com um sorriso nos lábios. Já não precisavam frequentar os banheiros malcheirosos do campo para fazer suas necessidades, comiam muito melhor e nosso quarto simples parecia um palácio se comparado ao barracão 14.

Após ler uma história para os mais novos e beijar os mais velhos, fechei a porta e me sentei em uma das cadeirinhas. Eu estava ali havia poucos minutos quando escutei os passos de um de meus filhos. Virei-me para ver quem era. Era Blaz. A luz da vela mal iluminava seu rosto moreno, mas eu não precisava de luz para saber que ele queria me contar um segredo.

— Você está bem, meu filho? — perguntei e, com um gesto, pedi que se aproximasse.

Ele se sentou no meu colo, como se fosse muito mais novo, e se deixou mimar por uns instantes.

Blaz foi o primeiro a surgir em nossa vida de casal. Ele se parecia muito com o pai, em todos os sentidos, embora tenha herdado minha constância e minha obsessão pela ordem.

— Quando tiraram nossas identificações e levaram todas as nossas lembranças, eu consegui guardar uma coisa no meio das minhas roupas. Até hoje, nunca quis dizer nada a você, pois temia que se chateasse. Mas todas as noites eu a acaricio um pouco e, de vez em quando, fico olhando para ela.

— O que é? Não me deixe assim, curiosa... — perguntei, impaciente.

Meu filho tirou uma pequena foto do peito e colocou-a diante dos meus olhos. Na imagem, estávamos todos, e eu grávida da mais nova. A foto fora tirada no verão anterior a Johann ser destituído da orquestra. A guerra ainda não tinha começado, mas já percebíamos certos problemas com os nazistas. Ainda assim, nossa vida continuava parecendo tranquila e feliz. Fiquei um bom tempo observando nossos rostos sorridentes. Aquela fotografia havia capturado um momento de felicidade e o tinha eternizado. Já não éramos aquela família feliz, posando em um belo parque de Berlim.

Aquele ar de verão, com música ao fundo e cheiro de algodão doce, parecia tão distante quanto minha juventude. Ao mesmo tempo, estávamos presos para sempre naquela imagem.

Comecei a chorar, e Blaz me abraçou com força. Senti seus braços e suas bochechas acariciando as minhas. Nossas lágrimas se misturaram, assim como nossos sangues, um dia, foram somente um no interior do meu ventre materno. Por alguns segundos, voltamos a formar um só corpo, unidos pelo cordão umbilical. Fechei os olhos e me lembrei do rosto de Johann. Desejei, com todas as forças, que ele estivesse ali conosco, que voltássemos a ser uma família unida. Que fôssemos tão felizes quanto naquele instante perdido na memória de uma fotografia em preto e branco.

— Obrigada, meu querido — eu lhe disse, entre soluços.

Ele se afastou um pouco do meu rosto, observando-me com seus olhos banhados em lágrimas. Blaz não costumava chorar, era um menino forte e decidido.

— Vou cuidar de você, mamãe. E vou cuidar de todos nós, até que o papai esteja de volta. Eu sei que ele está por perto, posso sentir. Sinto falta de me deitar ao lado dele durante as tardes, de tocarmos juntos o violino ao lado da janela da sala, de caminhar ao lado dele, imitando seus passos, sonhando um dia ser como ele — disse Blaz, entre soluços.

— Um dia, você será como ele, meu pequeno *knirps* — comentei, e voltamos a nos fundir em um abraço.

Nossas respirações entraram em compasso naquela sala, que começava a se refrescar por conta do vento norte. A luz dos altos postes de Auschwitz entrava pelas janelas, ofuscando as estrelas e a lua. Algum dia, quando aquele campo estivesse escuro, em silêncio, a luz celestial voltaria a iluminá-lo com sua pureza, como fazia anteriormente, e o mundo seria um bom lugar para se viver novamente.

11

Auschwitz, agosto de 1943.

O cansaço é o melhor amigo do tempo. Ele nos permite passar as folhas com maior rapidez, como se estivéssemos lendo um livro ruim. Às vezes, trata-se de uma mistura de ansiedade por conhecer o futuro e do desleixo produzido pelo cotidiano, embora esta seja a terrível rotina de Auschwitz. Estou há semanas sem derramar meu coração nestas páginas, mas, de certo modo, isso é normal. Não aconteceu nada que merecesse destaque até hoje. Os dias se sucederam sem tempo para descanso, mas também sem muitas novidades. Aqui no campo, é sempre um bom sinal que nada aconteça. A novidade sempre gera consequências em Auschwitz. A chegada de novas vítimas nesta máquina de destruição termina afetando todo o acampamento e também o humor de nossos guardiões.

Desde o início do verão, tem chegado muito mais gente ao nosso campo. Muitas delas parecem peixes retirados precipitadamente da água, tentando respirar um ar quente, um ar que, pouco a pouco, vai matando todos nós. Não sei o que acontece no resto de Birkenau, mas a aglomeração no acampamento cigano está começando a se transformar em um grave problema, e todos tememos que se repitam as epidemias de tifo que marcaram a primavera por aqui. O calor infernal, a sede incessante e a pouca alimentação nos deixam vulneráveis a todos, e temo por nossos filhos. Querido Johann, você não sabe o quanto desejo vê-lo e descansar entre seus braços fortes e seguros.

O doutor Mengele esteve nervoso nas últimas semanas, mas não deixou de cumprir sua palavra, abastecendo-nos de alimentos e material escolar. Ele se sente orgulhoso da creche e não deixa de elogiar meu trabalho, mas estar sozinha com ele me incomoda. Não que ele seja descortês, muito pelo contrário, talvez o problema seja seu olhar frio, que parece transparecer um vazio infinito.

— Mamãe! — gritou Ernest, esfregando os olhos. Seu grito me arrancou da viagem que a escrita dos cadernos me proporcionava. Escrever, em muitos sentidos, é viver outra vida.

Os gêmeos faziam aniversário, e essa seria a primeira celebração desde nossa chegada ao acampamento. Meses antes, eu não teria pensado em fazer uma festa, mas nossa situação no campo havia melhorado consideravelmente.

— Por que você acordou tão cedo? Venha aqui — eu lhe disse, abrindo os braços.

Os gêmeos sempre andavam juntos, como se formassem parte de uma vida única, mas, em certas ocasiões, Ernest preferia ficar sozinho comigo.

— É nosso aniversário. Você esqueceu? — perguntou Ernest, ainda com a voz rouca de sono.

— Como eu poderia esquecer? Há sete anos, eu estava com uma barriga enorme, suando como uma louca, esperando um bebê, e Deus me entregou dois de presente — respondi, apertando-o entre meus braços.

Notei meus braços ossudos. Desde minha chegada ao campo, perdera ao menos 15 quilos. Embora continuasse um pouco gordinha desde o último parto, o que Johann adorava, sempre fui esbelta e musculosa.

Emily apareceu na porta, com seus cabelos castanho-claro. Ela era muito parecida com o irmão, mas seus traços femininos e os cabelos compridos a deixavam mais diferente dele do que era na realidade.

O tempo passou depressa, e eu precisei correr para preparar as crianças antes que os alunos chegassem. As mães tinham criado a rotina de enviar seus filhos diariamente à creche e à escola infantil, pois sabiam que eles eram bem-cuidados e melhor alimentados. Corriam rumores de que o doutor Mengele tratava mal as crianças, mas eu nunca vira nada. Muitas crianças ficavam doentes e morriam, o que era normal em um lugar como aquele. A água não era potável, a comida era insuficiente, e tínhamos poucas peças de roupa. Além disso, as pessoas viviam no interior de barracões que ficavam quentes no verão e frios no inverno.

Cerca de meia hora mais tarde, os dois barracões estavam repletos de crianças. Havíamos ultrapassado nossa capacidade numérica, e a quantidade de leite e pão que dávamos a cada aluno diminuíra. Ainda assim, era melhor do que a comida distribuída no campo.

As professoras começaram a dar aulas, e eu me concentrei na rotina de todas as manhãs. Passava uma hora visitando as crianças doentes, e a maior parte delas estava no hospital que ficava em frente aos nossos barracões. Eu aproveitava para conversar um pouco com Ludwika, ver as crianças que não tinham ido à escola e tentar ajudar as mães em alguma tarefa. Depois levava a lista de necessidades da creche a Elisabeth, na secretaria do campo cigano.

Caminhando pela avenida, seguindo em direção à entrada do campo, eu sempre pensava a mesma coisa: mantinha a esperança de que a secretaria pudesse me informar sobre o paradeiro do meu marido. Eu o procurava havia quase dois meses, mas Auschwitz era um grande monstro que albergava milhares de pessoas e, a cada dia, chegavam novos grupos, unindo-se ao exército de prisioneiros famintos que formavauma sociedade impossível.

À medida que me aproximava da entrada, rezava para não me encontrar com Irma Grese nem com a terrível Maria Mandel. Naquele dia, tive sorte e não encontrei ninguém. Ao entrar, Elisabeth Guttenberger me recebeu com um sorriso. Era uma jovem expressiva, mas não costumava sorrir muito pelas manhãs.

— Bom dia, Elisabeth — cumprimentei, devolvendo o sorriso.

— *Frau* Hannemann, hoje é o aniversário dos gêmeos, certo? Dê os parabéns da minha parte.

— Por que não vem à pequena festa que vamos organizar? — perguntei. Não era comum que os funcionários da secretaria entrassem no campo, mas isso não estava proibido.

— Quem sabe. Você trouxe a lista? — perguntou Elisabeth, estendendo a mão.

— Sim, e precisamos de muitas coisas. Cada vez temos mais crianças — respondi.

A jovem leu o papel com calma. Depois, com um sorriso, disse:

— Tenho algo especial para você. Na verdade, trouxeram ontem, mas eu não pude ir ao barracão para entregar.

Franzi o cenho, assustada. Tínhamos pedido novos filmes para as crianças, além de frutas e outras coisas, mas Elisabeth não parecia se referir a nada disso.

— Do que se trata? Não me deixe assim... — perguntei, impaciente.

— Toma — ela me disse, entregando-me um papel escrito com caneta-tinteiro.

Nesse momento, notei meu coração dando saltos. Só poderiam ser notícias de Johann. Naturalmente, eu não perdera a esperança, mas, nas últimas semanas, estava tentando não nutrir demasiadas ilusões.

Rapidamente, dei uma olhada nas letras escritas com rapidez. Encontrei um nome, Kanada, e dados sobre o meu esposo.

— Ele está em Kanada? — perguntei, estranhando. Pelo que eu sabia, a maior parte das pessoas enviadas para lá, que somavam quase um milhão, eram jovens.

— Sim. Primeiro, esteve em uma das equipes de trabalho exterior, vivendo fora de Birkenau, mas está em Kanada há um mês. As coisas em Auschwitz não têm lógica, mas você deveria ficar contente, pois as pessoas que moram lá comem bem, têm boas roupas e seus trabalhos não são tão sujos quanto o dos demais — Elisabeth me explicou.

Desde a chegada ao acampamento, eu me esforçava para saber o menos possível, mas infelizmente todo mundo sabia que a maior parte das milhares de pessoas que chegavam diariamente por ali eram enviadas às câmaras de gás, que ficavam no fundo do campo, e incineradas logo depois. Todos os seus pertences eram enviados a Kanada, onde os prisioneiros aproveitavam quase tudo — roupas, sapatos, óculos, pernas mecânicas, malas e qualquer objeto que as pobres vítimas tivessem levado. Embora os nazistas estivessem interessados no ouro e no dinheiro que os judeus escondiam nos forros de suas roupas, tudo era aproveitado. A população alemã que sofria com a guerra, os mutilados, os órfãos e as viúvas recebiam os pertences das milhares de vítimas da fábrica de morte de Birkenau.

— Ele está vivo e muito perto daqui — comentei, suspirando.

— Você fica sabendo que seu marido sobreviveu, entre dezenas de milhares de mortos, e essa é a sua reação?

— Como eu poderia fazer para vê-lo ou me comunicar com ele? — perguntei, nervosa.

— Eu posso fazer com que uma mensagem sua seja enviada e ele, mas para vê-lo você precisaria da autorização de um oficial, que precisa lhe dar um passe para você entrar em outras seções — respondeu Elisabeth.

Caminhando de volta à creche, eu mal sentia o chão em que pisava. Estava completamente entusiasmada. Não passei para ver as crianças que tinham faltado, apenas fui ao hospital, pois precisava conversar com alguém. Entrei no barracão 26 e procurei Ludwika. Ela era a pessoa a quem me sentia mais próxima no acampamento, embora não sei se poderia chamá-la de amiga. As circunstâncias que nos uniram eram tão adversas que tornavam difícil distinguir entre um simples companheirismo e uma amizade verdadeira.

Assim que me viu, a enfermeira polonesa percebeu que algo acontecera. Ela pediu a uma colega que continuasse seu trabalho e se aproximou de mim, seguindo ao fundo do corredor. Por alguns segundos, fiquei observando as dezenas de pacientes que dormiam nos leitos. Aliás, seus leitos eram muito parecidos com os que haviam nos barracões comuns. Eu sabia, graças aos doutores e enfermeiras, que praticamente não tínhamos medicamentos, e que os pacientes deviam cuidar de si próprios e sarar a base de descanso, o que não era suficiente para muitos. Mengele baixara uma ordem: todos os doentes que ficassem internados por mais de cinco dias deveriam ser eliminados. Ele nunca fazia pessoalmente as seleções no hospital, mas os médicos se limitavam a seguir suas ordens.

Eu me aproximei do leito de uma menina que fora minha aluna nas últimas semanas. Uma simples varíola a deixara de cama. Seu corpo não tinha defesas suficientes para combater a doença. Felizmente, nós detectamos a tempo, antes que contaminasse o resto de crianças.

— Oi, Jadzia. Como você está se sentindo hoje? — perguntei, acariciando sua cabeça.

— Bem, professora — ela me respondeu, com um fiapo de voz.

Seu rosto estava coberto de chagas, seu corpo havia sido consumido e suas feições eram cadavéricas. Ainda assim, ela me olhava com a inocência de um anjo. Precisei afastar os olhos para não chorar. Mesmo tendo visto muita coisa em Auschwitz, continuava sendo impossível olhar para uma criança moribunda e não sentir nada.

— Nós voltamos já, Jadzia — disse Ludwika, aproximando-se do leito.

Depois, agarrou meu braço e me levou para fora, para um caloroso dia de agosto, mas que parecia fresco em comparação ao ambiente sufocante do barracão.

— Como ela está? — perguntei pela menina.

— Foi selecionada pelos médicos. Será levada hoje à tarde — respondeu minha amiga, com os olhos escurecidos pela dor.

Durante alguns segundos, permanecemos em silêncio, observando o céu e a grande estação. Aquela manhã estava repleta de recém-chegados. Muitas vezes, tentávamos ignorar os trens, pois não queríamos pensar no destino de toda aquela gente.

— Isso é terrível — comentei, finalmente, e tais palavras pareceram me ferir ao sair dos meus lábios.

— Aqui, tudo é terrível. Nós salvamos apenas um entre cem. Ficar doente é o mesmo que morrer — disse minha amiga.

— Sim, e espero que não haja mais crianças contagiadas — comentei, preocupada. Eu estava pensando em meus próprios filhos, mas também no restante das crianças. Em pouco tempo, a cumplicidade que construíamos era enorme.

— Devemos esperar mais uma semana. Essa doença, às vezes, demora a se manifestar. Mas hoje é um dia de celebração. É o aniversário dos gêmeos — disse Ludwika, mais animada.

Nesse momento, a celebração do aniversário me pareceu má ideia. Como eu poderia organizar uma festa enquanto Jadzia seria assassinada?

— Sim, eles fazem sete anos. E estão tão magrinhos...

— Todos estamos magros. O importante é que eles estejam saudáveis — disse minha amiga.

— Sim, isso é verdade. E eu tenho algo a contar. Parece que Johann está em Kanada.

— Em Kanada? Que incrível! Vocês estão a menos de um quilômetro e não sabiam — disse Ludwika, com um sorriso.

— Sim, Elisabeth vai mandar um bilhete a ele, para que saiba que estamos bem. Só que a única maneira de nos encontrarmos seria conseguindo a permissão de um oficial — comentei.

— Você poderia pedir a Mengele, já que é uma de suas queridinhas. Afinal de contas, você não é judia, nunca foi comunista nem é cigana. Ele vai conceder, sem dúvida.

— Você acha? — perguntei, muito nervosa.

— Sim. Hoje ele está muito animado. Eu o encontrei há uma hora. Acho que sua mulher está por aqui. Você sabe que ele não costuma falar sobre coisas pessoais, mas hoje parecia especialmente contente.

Sem dúvida, eu precisava aproveitar essa oportunidade. O humor do doutor era muito instável. Quando os dias eram cinzentos ou quando as coisas se complicavam, ele ficava mais taciturno e mal-humorado.

— Você acha que agora seria um bom momento? — perguntei, agitada.

— Ele está na Sauna, no laboratório dele. No início da manhã, ele cuida das correspondências, e ainda não deve ter começado a fazer suas experiências, que consomem o resto de seu dia — ela me respondeu.

— Sim, vou tentar agora. O melhor presente que eu poderia oferecer aos meus filhos seria rever o pai — comentei, eufórica. Por alguns instantes, pensei que meu coração fosse sair pela boca.

— E o que está esperando? — ela perguntou, tentando me animar.

Desci as escadas e caminhei pela avenida empoeirada, seguindo para a Sauna. Eu teria de atravessar apenas sete barracões, mas a distância me pareceu maior do que nunca. Quando estava em frente ao 34, fui tomada pela dúvida. Estive a ponto de voltar, mas logo pensei que não teria nada a perder. Eu era a diretora da creche, Mengele sabia que meu trabalho era bom. Sem dúvida, ele poderia encontrar outra diretora, mas eu já tinha percebido que os nazistas não gostavam de mudanças, preferindo que as coisas tivessem um aspecto de continuidade e normalidade. Além disso, ele não queria que nada atrapalhasse suas experiências.

Acabei subindo os três degraus e batendo à porta, suavemente. Por alguns instantes, achei que ele não tivesse escutado. Estava quase desistindo e voltando para a creche quando escutei uma voz, do outro lado da porta, dizendo que eu deveria entrar.

Bem devagar, abri a porta. Não havia muita luz lá dentro. O ambiente era diáfano e não muito amplo. De um lado, estava a mesa do doutor, com uma estante logo atrás. Nela, vi papéis que pareciam relatórios. Do outro lado, uma maca clínica para observar os pacientes. Ao lado dela, um armário branco onde o doutor guardava os remédios e os instrumentos cirúrgicos.

O doutor ergueu o rosto, parecendo um pouco confuso ao me ver. Pensei em me desculpar e sair da sala, mas fiquei quieta, a poucos passos da mesa, esperando que ele me perguntasse alguma coisa.

— *Frau* Hannemann, qual é o motivo desta agradável visita? Eu não esperava pela senhora. Surgiu algum problema com as crianças? — ele me perguntou, franzindo o cenho.

Embora sua preocupação parecesse sincera, fiquei surpresa. Como ele seria capaz de se sentir tão próximo às crianças e, ao mesmo tempo, enviá-las à morte quando ficavam doentes?

— Não, *Herr Doktor*, é um assunto pessoal — respondi, sem conseguir esconder meu nervosismo.

— Entendo. A senhora nunca me pediu nada pessoal, imagino tratar-se de algo realmente importante. Aliás, eu enxergo a senhora como uma boa mãe alemã, um verdadeiro exemplo à nossa raça. Falei sobre a senhora com minha esposa, Irene, e ela pretende vir hoje à tarde visitar sua creche — disse Mengele.

Eu não esperava ouvir nada parecido. Nunca víamos as esposas dos nazistas no acampamento. No entanto, Mengele não era um membro comum da SS. Frente à bestialidade e à frieza da maior parte de seus companheiros, ele sempre tentava manter a calma.

— Será um prazer recebê-la — comentei.

— Eu não a levaria a nenhum outro ponto do campo. A senhora deve compreender que este lugar não é adequado às mulheres.

Fiquei surpresa com seu comentário. E nós, por acaso, não éramos mães ou esposas como sua Irene? A cada dia, morriam centenas de crianças, idosos e mulheres, mas para eles não passávamos de números tatuados ou estatísticas em seus cadernos de entrada e saída.

— No acampamento feminino, surgiu uma epidemia de tifo, mas felizmente nosso campo está distante do foco principal. A visita será de apenas uma hora. Depois, eu a levarei embora — ele comentou, como se quisesse convencer a si mesmo de que sua esposa não correria muitos riscos ao nos visitar.

— A festa vai começar em duas horas.

— Ótimo. Estaremos lá. A senhora sabe: quando uma mulher coloca algo na cabeça, é quase impossível dissuadi-la. Aliás, o que a senhora queria me contar? —perguntou, voltando a olhar para seus relatórios.

Fiquei calada. Talvez, aquele não fosse um bom momento. O doutor parecia ocupado, além de um pouco preocupado com a esposa. Quando eu estava a ponto de abrir a boca, ele insistiu:

— Vamos, o que está acontecendo?

— Localizaram meu marido, ele está em Kanada. Eu queria pedir permissão para me encontrar com Johann. Desde maio, quando cheguei aqui, não sabia nada sobre ele — respondi, com voz acelerada, como se quisesse dizer tudo aquilo e sair correndo dali.

— Tudo bem. Vou assinar uma permissão para uma visita a Kanada. Você terá direito a uma hora, logo após a festa. Não estou seguro de que permitam uma visita privada e não vou permitir que a visita se repita. As relações pessoais atrapalham o trabalho dos meus ajudantes. A senhora tem sido leal, e saiba que sou muito agradecido, mas primeiro vem o trabalho, entendido? — perguntou, com seu olhar mais gélido.

— Sim, *Herr Doktor* — respondi, engolindo em seco.

Ele pegou um pedaço de papel, escreveu durante alguns segundos, depois o selou e me passou.

— Uma hora, nem um minuto a mais — ele me disse, encarando-me firme.

— Entendido, *Herr Doktor*.

Saí do laboratório com o coração quase saltando pela boca. Meus filhos não poderiam ver o pai. Aliás, eu não pretendia dizer nada a eles até o dia seguinte, para que não ficassem nervosos. Porém, quando soubessem que Johann estava bem, e bem perto de nós, ficariam muito contentes.

No barracão da creche, a emoção invadira os pequenos corações de todas as crianças. Aquela seria a primeira festa celebrada no campo. Embora não pudéssemos lhes oferecer grande coisa, conseguimos preparar um bolo simples e cobri-lo com chocolate, graças à colaboração de todos. Um verdadeiro manjar para todos os presentes.

Avisei aos alunos que a esposa do doutor Mengele chegaria dali a uma hora e que eles deveriam demonstrar a maior amabilidade e educação na frente dela. Abrimos os barracões para ventilar, para que o suor e o cheiro de fraldas não deixassem o ambiente desagradável. Enquanto as mães ciganas levavam as crianças para brincar do lado de fora, Kasandra, Maja, Zelma e eu decoramos o salão para a festa. Com papéis, fizemos guirlandas coloridas. Conseguimos algumas bolas e serpentinas. Quando terminamos nossas tarefas, estávamos entusiasmadas, e eu quase esqueci que, passada a festa, visitaria Johann.

Organizamos as crianças entre os edifícios e esperamos, na sombra, pela chegada do doutor e de sua esposa. Ficamos uma hora esperando, mas eles não apareceram. Mengele deve ter decidido que não seria boa ideia levar sua esposa ao acampamento, pois ela poderia ficar afetada com o que visse por lá.

Eles não apareceriam.

As crianças estavam cansadas, com calor e querendo dar início à festa. Deixamos que entrassem no barracão e não nos cansamos de ver suas expressões de surpresa e seus olhos arregalados enquanto contemplavam a decoração. Emily e Ernest pareciam tão emocionados que eu mal pude conter as lágrimas.

— Vamos começar com as brincadeiras — disse ao grupo de crianças, que começou a gritar e dar pulos de emoção.

Durante uma hora, viajamos a um lugar muito distante daqueles alambrados. As crianças buscaram um tesouro, descobriram um segredo e escutaram uma historinha. As três professoras haviam preparado uma pequena apresentação teatral, usando marionetes improvisadas. Eu nunca as vira tão felizes, mas a surpresa máxima foi quando apagamos as luzes e eu apareci com o bolo e duas velas acesas. Os gêmeos se entreolharam, com suas bocas abertas. Quando deixei o bolo na mesa, eu os abracei.

— Juntem-se — pedi às crianças.

Elas se apertaram umas contra as outras, bem coladas aos gêmeos, que tinham ficado de joelhos para assoprar as velas. Seria ótimo se eu pudesse tirar uma foto deles, mas aquele não seria um bom lugar para ser lembrado quando eles fossem mais velhos.

— Vocês fizeram um desejo? — perguntei aos gêmeos.

— Sim, mamãe — eles me responderam, em coro.

— Não revelem. Caso contrário, ele nunca se cumprirá — avisei, mas os dois não me levaram em consideração.

— Queremos que o papai esteja bem e queremos vê-lo — disse Ernest.

Fiquei paralisada. Foram apenas uns segundos, mas as imagens de seus últimos aniversários passaram pela minha cabeça. Johann sempre estivera presente. Aquele seria o primeiro aniversário em que ele não estaria conosco.

— Assoprem — gritei, tentando esconder as lágrimas que começavam a escorrer pelo meu rosto.

Os gêmeos apagaram as velas e todos começamos a cantar os parabéns. A sala se encheu de vozes inocentes. Era quase uma centena de crianças, e seu canto poderia ser ouvido no acampamento inteiro. Estávamos celebrando a vida no meio de um cemitério. Por um instante, isso me pareceu um sacrilégio, mas logo percebi que, enquanto as crianças cantassem, o mundo manteria viva sua esperança de salvação. Suas vozes alimentavam nossas almas, que, àquela altura, estavam tão enfraquecidas quanto nossos corpos. O mal se movia com tanta força em Auschwitz que aquela parecia uma terra dura e estéril, onde tudo o que fosse positivo acabaria murchando, mais cedo ou mais tarde. Sem dúvida, aquela creche no meio do horror não seria uma exceção, mas eu tentava, ao menos, desfrutar de cada dia que nos era oferecido. Uma vela por cada ano de vida. Em Birkenau, deveríamos soprar uma vela por cada hora e cada minuto, pois um ano era algo inimaginável.

12

Auschwitz, agosto de 1943.

Foi complicado justificar minha ausência aos meus filhos. Não queria dizer que visitaria seu pai, pois eles não poderiam me acompanhar. Os gêmeos continuavam tão emocionados com seu aniversário e com o pequeno cavalo talhado em madeira que ganharam de presente que não reclamaram muito. Minha filha mais nova estava muito cansada. Porém, os dois mais velhos opuseram maior resistência e me fizeram várias perguntas. Logo depois, deixando-os com Zelma, me dirigi à entrada do acampamento cigano.

Ao atravessar a avenida, o caminho me pareceu mais longo do que de costume. Eu ainda teria de atravessar, no mínimo, outros três portões de controles. Mesmo levando um salvo-conduto do doutor Mengele, nada garantia a minha passagem. Quando cheguei em frente aos barracões dos escritórios, olhei para os dois lados, pois queria ter a certeza de que as guardiãs não estariam por perto. Por sorte, elas estavam na estação, ajudando a selecionar os prisioneiros.

Nunca havia me aproximado tanto da saída. Por isso, ao parar na frente da abertura no alambrado, notei que minha respiração se acelerava. Eu vivera os últimos meses no acampamento e aquelas paredes transparentes tinham se transformado no pior cárcere do mundo.

— O que está acontecendo com você? — perguntou o soldado, em tom áspero.

Eu não esperava que se dirigissem a mim. Para eles, eu era apenas um número. No melhor dos casos, eu seria a escória que eles poderiam pisotear.

— O doutor Mengele me deu um passe para visitar Kanada — respondi, com voz trêmula, entregando-lhe o papel.

O soldado segurou o fuzil com uma das mãos. Com a outra, pegou meu salvo-conduto e seguiu à guarita na qual se refugiava em caso de chuva ou neve. Um sargento saiu da pequena construção de madeira e se aproximou de mim.

— Está tudo certo, mas em uma hora será de noite. A senhora deve estar de volta antes do pôr do sol.

Respirei aliviada, fiz um gesto afirmativo com a cabeça e guardei o papel. Assim que atravessei a entrada, dei-me conta de duas coisas. A primeira delas tinha a ver com minha aparência física: eu não via um espelho havia muito tempo e não pintava meus fios de cabelo branco, que cresciam rebeldes até na franja. Sim, tinham me ajudado a cortar o cabelo, mas meu aspecto devia ser deplorável. Meu rosto estava marcado por conta das olheiras e da magreza. Minha roupa era velha e puída — uma bata usada de enfermeira e uns sapatos completamente gastos na ponta. Enfiando a mão no bolso, peguei uma fita rosa e prendi meus cabelos loiros, depois belisquei as maçãs do rosto para disfarçar a palidez. Finalmente, comecei a caminhar, com passos firmes, em direção a Kanada. Em seguida, lembrei que ninguém era chamado pelo nome no acampamento. Eu teria de buscar meu marido entre as milhares de pessoas que compunham os comandos de trabalho de Kanada. Isso consumiria muito tempo, reduzindo minhas possibilidades de encontrar Johann. No caso de encontrá-lo, mal teríamos tempo para uma breve conversa.

A grande avenida estava completamente deserta. Altas torres de vigilância interrompiam a paisagem monótona de alambrados e barracões. Passei junto à porta que dava ao hospital e parei em mais um portão de controle. O número de soldados por ali era bem maior do que no acampamento cigano. Kanada guardava verdadeiros tesouros roubados dos prisioneiros assassinados. Mostrei meu salvo-conduto ao sargento, que me deixou entrar em uma das áreas de mais difícil acesso em Birkenau. Passei entre dois grandes edifícios com chaminés, os crematórios 4 e 5. Tentei não me distrair e, após ter rodeado uma das construções, parei na porta de Kanada.

Desde minha chegada a Auschwitz, eu escutara todo o tipo de rumores sobre aquele lugar. A maior parte deles estavam certos. O primeiro que me surpreendeu foi a imensidão de Kanada. Tinha o dobro da largura do nosso acampamento, embora fosse menos comprido. Por lá, havia dezenas de barracões enfileirados. Nos do fundo, acumulavam-se montanhas de roupas, sapatos e malas que esperavam uma triagem. Por conta do bom tempo e da chegada massiva de trens durante o verão, os comandos não davam conta de terminar seu trabalho macabro.

Mostrei meu salvo-conduto aos guardas da entrada, que me abriram caminho sem problema. Por alguns instantes, fiquei observando os quase cinquenta edifícios, o que me deixou desanimada. Parecia impossível encontrar Johann em tão pouco tempo, especialmente em um lugar como aquele. Minha única oportunidade seria perguntar por ele, com a esperança de que não houvesse muitos ciganos em Kanada.

— Por favor, onde ficam os barracões dos homens? — perguntei a uma jovem que vestia calça, estava maquiada e com o cabelo bem penteado.

Fiquei surpresa com seu aspecto saudável e a roupa que usava. Aliás, naquele lugar, a maior parte das pessoas parecia saudável e não se vestia com os trapos que usávamos nos demais campos. A menina me olhou e, meio sem vontade, fez um gesto em direção aos barracões à direita. Finalmente, ela se perdeu entre as montanhas de objetos acumulados na porta de outro barracão. Caminhei o mais rápido possível à área masculina. Aproximei-me de um dos edifícios e me dirigi a um senhor que deveria ter uns quarenta anos. Seu cabelo era castanho e ele vestia um terno velho, mas elegante.

— Estou buscando um cigano chamado Johann, ele é violinista.

Sendo músico, ele poderia estar participando de alguma banda em Kanada.

— Um cigano — disse o homem, em tom de desprezo. — Não vi nenhum por aqui.

Continuei minha busca desesperada e, quando voltei a olhar para o céu, percebi que o sol, pouco a pouco, desmaiava sobre o bosque ao longe. *Não se renda*, eu disse a mim mesma, entrando em vários barracões e gritando o nome do meu marido. Eu estava tão perto de alcançar meu objetivo que não poderia me render naquele momento. Eu precisava vê-lo, nem que fosse pela última vez.

Entrei em dois ou três barracões, perguntando por meu marido, sem nenhum resultado. Caminhei a toda velocidade, parando e interrogando os homens que cruzavam meu caminho. Quando estava a ponto de desistir, encontrei um jovem que teria, no máximo, 15 anos. Ele usava um gorro, uma espécie de macacão de trabalho e botas militares grandes demais para seus pés.

— Senhora, eu conheço esse cigano. Ele mora no barracão 45, mas neste momento está trabalhando na plataforma do trem. Alguns de nós somos destacados para lá, a fim de recolher as malas que são abandonadas após as seleções — explicou.

Estive a ponto de começar a chorar. Tentei me acalmar e me conformar por, pelo menos, saber que Johann estava bem. Porém, não podia acreditar que perderia uma oportunidade daquelas.

— Entregue isto a ele — pedi ao menino, entregando-lhe um papel que conseguira escrever algumas horas antes.

— Sim, senhora.

Agradeci e segui em direção à saída. Não me conformava com minha falta de sorte, mas também sabia que não deveria me queixar. Grande parte das pessoas perdia quase todos os entes queridos assim que punham os pés em Auschwitz, e eu, pelo menos até então, conservava todos os meus com vida.

Estava atravessando o primeiro alambrado quando, ao fundo, surgiu uma centena de homens carregando malas. Fiquei alguns segundos parada, pois queria ver se algum deles eram Johann. O comando especial entrava no acampamento escoltado por soldados e *kapos*. Impaciente, caminhei no meio das filas, mas não vi meu marido entre aqueles homens. Logo depois, comecei a gritar seu nome.

— A senhora não pode ficar por aqui — reclamou um *kapo*, afastando-me com seu cassetete.

— Tenho um salvo-conduto. Meu marido está entre estes homens. O nome dele é Johann. Ele é cigano — expliquei, muito nervosa.

De repente, todos os homens começaram a gritar o nome do meu marido. O coro se estendeu ao longo das filas. Em pouco tempo, um homem surgiu do meio dos demais. Ele parecia rondar os cinquenta anos de idade e vestia uma simples camisa violeta e uma calça preta, um pouco frouxa por conta de sua extrema magreza.

Corremos um na direção do outro, fundindo-nos em um longo abraço. No entanto, mal nos falamos. Duas metades não precisam se comunicar, simplesmente fundir-se novamente. Nos beijamos na frente dos outros homens, sem pudor, sob o olhar assombrado dos guardas e *kapos*. De certa maneira, todos enxergaram em nós uma representação de suas próprias vidas, do tempo em que caminhavam livres pelo mundo, antes de se transformarem em carrascos, vítimas ou fantasmas.

— Hoje é o aniversário dos gêmeos — disse ele, e nossos rostos empapados de lágrimas não se descolavam.

— Sim. Todos estão bem e sentem muito a sua falta.

— Meu Deus, eu imaginava que os teria perdido para sempre — disse ele, começando a soluçar como uma criança.

Eu o apertei com força, sentindo suas costelas e sua pele suada. Pude sentir o cheiro da sua essência, depois peguei seu rosto entre minhas mãos e tentei, com todas as minhas forças, reter aquele olhar em minha memória. Ele continuava bonito, mesmo após tantos baques da vida. Suas bochechas encovadas e seu rosto mal barbeado, o buraquinho de seu queixo, suas sobrancelhas ainda com bastante pelo, seus cabelos escuros, com alguns fios brancos, penteados para trás, tudo isso formava um rosto bonito e viril. Por um segundo, eu teria deixado tudo por ele, até meus próprios filhos. Isso é algo que apenas uma mulher apaixonada que acabasse de recuperar seu amor perdido seria capaz de compreender. Ver nosso amado novamente nos faz pegar fogo por dentro. Sentimos que nossa metade destruída e abandonada volta a se encaixar. De repente, toda a dor e o sofrimento parecem fantasmas distantes. Eu queria tocar seu rosto, beijar seus lábios, sentir o calor de seus longos dedos de músico. Queria voltar a ser sua esposa, fundir-me em apenas uma carne e sangue.

Para mim, aqueles foram os únicos minutos que passaram rápido em Auschwitz. O tempo parecia parado do lado de dentro dos alambrados. Porém, junto a Johann, os ponteiros dos relógios voavam, carregadas pelo medo que Cronos sempre sentiu de Afrodite.

O sol descia ainda mais, as sombras se estendiam, mas nossas mãos não se separavam, embora eu começasse a caminhar em direção aos crematórios.

— Iremos nos ver novamente? — ele me perguntou, como se pensasse que tudo aquilo fosse um sonho. Seus olhos tremiam de dor. Eu me apressei em beijar seus lábios. Foi um beijo fugaz, como um sopro de vento fresco no deserto, mas suficiente para que eu pudesse voltar à dura tarefa que o destino me reservara: ser a guardiã do labirinto, oferecendo ao Minotauro, todas as noites, sua terrível oferenda de morte e dor.

Eu não quis mentir para ele, por isso deixei que o silêncio respondesse às suas dúvidas. Nossos dedos se roçaram uma última vez, e eu senti uma descarga de energia nas pontas de todos eles.

Por alguns metros, caminhei de costas. O comando começou a entrar em Kanada aos empurrões, todos estavam hipnotizados pelo que tinham acabado de ver. Não existia amor em Auschwitz e, quando algo conseguia nascer entre a podridão infecta de suas ruas, logo murchava, destruído pelo ódio perene do campo.

Seguindo em direção à segunda guarita, senti que minha alma não me acompanhava. Era impossível reprimir a sensação de estar oca por dentro, seca e vazia. Tentei me animar com pensamentos positivos, mas não consegui me enganar. Andei a passos rápidos pela avenida. Eu deixara de ter medo dos guardas. Era movida unicamente por meu instinto maternal, pelo desejo de recuperar minhas crias e aninhá-las. Ao entrar no campo cigano, senti que penetrava novamente na boca do inferno. Pensei em me render, mas sabia que devia ser forte. Quase uma centena de crianças dependiam de mim, além dos meus filhos e das mulheres que trabalhavam ao meu lado. Um simples erro poderia destruir o que construíramos com tanta dificuldade. No entanto, devo reconhecer que, naquele momento, a única coisa que eu sentia em minha alma era um imenso vazio.

A avenida parecia deserta, já que estava proibido sair dos barracões após o pôr do sol. Os guardas validaram meu salvo-conduto e demorei quase dez minutos para chegar à creche. Meus três filhos mais novos estavam na cama. Minha amiga Ludwika me examinou com um olhar interrogativo, mas sem dizer nada sobre minha estranha desaparição. Tentei esconder minha dor, coloquei Blaz e Otis na cama, fechei a porta e me sentei ao lado dela.

— Conseguiu encontrar?

— Consegui. Estava a ponto de me render quando ele chegou, junto a um comando. Foram apenas alguns minutos, mas eu o toquei e o beijei — respondi, com um nó na garganta, mais uma vez tentando conter as lágrimas.

— Fico muito feliz por você — ela comentou, muito séria.

Em certo sentido, eu estava sendo muito egoísta. Em Auschwitz, todos tínhamos uma história triste para contar, e grande parte das pessoas perdera ao menos um ser amado para sempre, alguém que desaparecera no céu da Polônia. Minha amiga também tinha suas dores. De repente, Ludwika pareceu se recuperar de uma triste lembrança e pegou minha mão.

— Não se renda. Você está fazendo algo realmente lindo com essas crianças. Desde sua chegada aqui, um raio de esperança entrou no acampamento. Talvez, você nem se dê conta, mas o que faz nos inspira e ilumina. Veja o que conseguiu em poucos meses — disse ela, apontando para a creche. — No entanto, isso é só o começo. A maior tormenta ainda está por chegar. A guerra não anda bem para o lado dos alemães, e eu não sei como eles reagiriam se estivessem a ponto de perdê-la, mas temo o pior. Por isso, é importante que pessoas como você nos guiem em nosso caminho.

— Eu não sou ninguém. Sou apenas uma mãe cuidado de seus filhos — comentei.

— Não, Helene. Você foi enviada por Deus para nos guiar. Nós precisávamos de um sopro de esperança, e você surgiu com sua linda família. Eu nunca conheci uma mulher tão valente e decidida — disse ela, abraçando-me.

Às vezes, temos que perder tudo para conseguirmos o mais importante. Quando a vida nos despoja do que parece imprescindível, ficamos nus frente à realidade. E o essencial, sempre invisível aos olhos, assume sua real importância.

— Você faz me sentir novamente orgulhosa de pertencer à raça humana, Helene Hannemann.

Aquelas palavras fizeram com que eu recuperasse o fôlego que perdera em Kanada, quando fui obrigada a me afastar de Johann.

— Enquanto eu me mantiver com forças e viva neste acampamento, farei o possível para que nos tratem como seres humanos. Não vai ser fácil, mas tentaremos nunca perder nossa dignidade.

Minha amiga ficou de pé. Seu rosto estava erguido. De alguma forma, ela recuperara o orgulho perdido desde sua chegada a Auschwitz. Eu notei que seu olhar perdera o medo. Aquela era a verdadeira arma dos nazistas: queriam nos deixar sempre submissos. Para tanto, eles nos infligiam um grande temor.

Meses depois, lembrei-me das palavras que ouvira nessa conversa. Minha amiga estava certa. A tormenta se aproximaria no fim do verão. Mesmo assim, por alguns instantes, todos pensamos que poderia passar ao longe e que nosso barco não afundaria no profundo oceano dos campos de extermínio nazistas.

13

Auschwitz, outubro de 1943.

Exatamente como havíamos pensado, a situação ao longo do verão foi se deteriorando lenta, mas progressivamente. Todos sabíamos, embora fosse um segredo, que os alemães estavam perdendo a guerra. As notícias de grandes derrotas no *front* russo nos chegavam em conta-gotas, mas nós sabíamos dos avanços dos aliados na Itália e da destruição de grande parte da força aérea alemã. Desde o inverno, os bombardeios sobre as cidades eram generalizados e, quase todos os dias, escutávamos aviões sobrevoando nossas cabeças. Da mesma forma, as coisas não estavam bem em Auschwitz. Os guardiões pareciam nervosos por conta do desenrolar do conflito. Além disso, haviam enviado um inspetor vindo de Berlim, chamado Konrad Morgen. Após sua chegada, o próprio doutor Mengele parecia mais tenso.

Já não o víamos tanto pelo campo cigano. Ele passava seu tempo entre as plataformas e o barracão 14 do acampamento do hospital, para onde levava grande parte dos gêmeos, a fim de realizar seus experimentos com eles. Ninguém sabia para que ele queria aquelas pobres criaturas, embora algumas pessoas afirmassem que seu desejo era deixar as mulheres alemãs mais fecundas, para que, com sua prole, tomassem conta da Terra. Para os nazistas, nós mulheres não passávamos de parideiras. Eles só estavam interessados em nossa fertilidade. Deveríamos ter filhos fortes e saudáveis para o Reich, embora esses mesmos filhos, em pouco tempo, fossem levados ao fogo desgarrador da guerra. Quantos bons rapazes morreram nas estepes russas ou nos desertos da África, sempre em nome do seu líder? Mengele sonhava em alimentar a máquina de destruição nazista com mais criaturas inocentes de olhos claros e cabelos cor de palha. Aliás, ele já não parecia tão interessado na creche. Apesar de minhas petições reiteradas de mais material para as crianças, o doutor se limitava a enviar uma carta formal ao comandante do campo ou, simplesmente, me ignorava. Para ele, não passávamos de um brinquedo sem graça que não o interessava.

Eu tentava encarar os problemas de maneira positiva, sem pensar demais no futuro.

Apesar dos problemas e da deterioração generalizados do acampamento, meses antes, um idoso chamado Antonin Strnad, com a permissão dos guardiões, criara uma pequena escola para adolescentes, frequentada pelo meu filho Blaz, que tentava administrar os estudos e os ensaios diários da orquestra cigana, que frequentava às tardes. O resto do seu tempo era dedicado a me ajudar na creche e, à noite, com seus irmãos mais novos.

Naquele domingo, meu filho estava muito nervoso. Alguns oficiais do campo viriam à tarde para escutar nossa banda, e seus componentes sabiam o quanto poderia ser perigoso desagradar aos nazistas. Minha intenção era aproveitar a visita dos oficiais e rogar que nos oferecessem mais meios para cuidar das crianças.

O comandante do campo chegou, junto a seus oficiais, pouco antes do meio-dia. Não chovia havia uma semana, mas, segundo certas prisioneiras, o clima em Auschwitz se tornava extremamente duro quando chegava o mês de novembro. Nevadas contínuas, chuvas incessantes e um frio que penetrava nos ossos.

A comitiva se sentou nas cadeiras que colocamos ao lado dos primeiros barracões do acampamento. Todos os prisioneiros pareciam um pouco alterados com aquela visita. Porém, frente às ameaças e golpes dos *kapos*, os mais novos acabaram se tranquilizando e se sentando no chão, e os mais velhos ficaram de pé para escutar o concerto.

A música começou a ressoar naquela gélida manhã de domingo e, por alguns instantes, todos nos esquecemos das péssimas condições das últimas semanas, deixando-nos transportar pelas notas etéreas. Fechei os olhos por um tempo, esquecendo-me de onde estava. A luz penetrava timidamente minhas pálpebras fechadas. Por um segundo, eu me senti em paz. Aquele belo som parecia causar o mesmo efeito nos carrascos e nas suas vítimas, pois a maldade dos carrascos não impedia que suas almas também estivessem maltratadas, já que eles navegavam em um oceano de desprezo e, pouco a pouco, afundavam-se em sua própria crueldade.

Quando voltei a abrir os olhos, desfrutei da incrível imagem do meu filho tocando, com uma perícia incrível, um violino. Por alguns instantes, lembrei-me de Johann ainda jovem. Os dois tinham a mesma elegância simples, interpretando com uma postura relaxada, como se não estivessem com os pés no chão. O violino soava triste em suas mãos, ao mesmo tempo em que era capaz de arrancar de nossos corpos sentimentos que reprimíamos havia meses.

Mengele estava muito perto de mim. Os prisioneiros tinham disposto cadeiras para a equipe médica e, sempre que eu me virava, notava sua expressão extasiada. Nos poucos meses desde que nos havíamos conhecido, seu aspecto sofrera uma grande metamorfose. Naquele instante, eu me lembrei do livro de Oscar Wilde, *O retrato de Dorian Grey*. Nesse relato, o protagonista vende a alma ao diabo para conservar sua beleza e juventude. Porém, mesmo mantendo seu grande atrativo exterior, seu interior se deteriorava, ficando gravado em um quadro que o protagonista mantinha guardado, sob chave, em um cômodo da casa. Pouco a pouco, a imagem se transformava no retrato de um monstro.

Até aquele dia, eu nunca percebera — ou pelo menos não conseguira verbalizar —, o verdadeiro temor que sentia de Mengele. Ainda me lembro de quando Zosia, uma das ajudantes do doutor em seus experimentos, foi à creche em busca de umas gêmeas certa manhã. Eu a acompanhei à porta e, ao cruzar o umbral, Zosia pediu que as irmãs seguissem sozinhas em direção à avenida. Isso feito, pousou as mãos no rosto e começou a chorar.

— Não aguento mais. Se vocês soubessem o que aquele louco faz com essas pobres crianças. Todos os dias, eu me levanto pensando que será o último que passarei como sua ajudante. Durante as manhãs, a primeira coisa que penso é em me jogar contra os alambrados eletrificados e acabar com tudo, mas não tenho coragem — disse a jovem, com voz entrecortada.

— Não falta muito para que tudo isso chegue ao fim. Os aliados virão nos libertar — comentei, querendo animá-la um pouco.

— No entanto, até lá, esse monstro torturará, a cada semana, centenas de crianças...

Aquelas palavras me deixaram perplexa. Muita gente cochichava sobre o que acontecia na Sauna e no barracão 14 do hospital, também conhecia como Zoológico. No entanto, escutar em primeira mão, da boca de uma das ajudantes do doutor, fez com que eu sentisse um frio na espinha.

— Todos os dias, realizamos experiências com crianças de todas as idades. Primeiro, analisamos e fazemos ensaios para tentar alterar o pigmento de seus olhos. Muitas dessas pobres criaturas morreram por conta de infecções ou ficaram cegas. Agora, estamos infectando as crianças com todo tipo de doença, a fim de matá-las e fazer uma autópsia. É terrível! Eu não aguento mais!

Abracei a jovem enquanto as gêmeas nos esperavam, a poucos metros de distância. Eu as observei por alguns segundos. Elena e Josefina eram duas lindas meninas de origem judaica, selecionadas pelo doutor assim que chegaram ao campo. Normalmente, elas dormiam no barracão dos órfãos, mas eu sabia que, quando oficialmente solicitada pelo doutor, nenhuma criança voltava à creche nem ao campo cigano, permanecendo no barracão 14 do hospital. No princípio, os casos de gêmeos solicitados por Mengele eram esporádicos. Porém, desde o mês de agosto, praticamente todas as semanas saíam dois ou três pares de gêmeos do nosso campo, para nunca mais voltar. A partir de setembro, começou a escassear o número de gêmeos e, diariamente, eu era assaltada pelo temor de que o doutor solicitasse o envio dos meus filhos, para realizar suas terríveis experiências com eles.

Percebi uma forte opressão em meu peito, respirei fundo e abracei Zosia, que começou a chorar. Deixei que ela se desafogasse durante alguns minutos. Então, ela se recompôs, secou as lágrimas dos olhos e me disse estar bem melhor. Enquanto se afastava, brincando com as meninas, que segurava pela mão, eu odiei, com todas as minhas forças, o doutor Mengele e o resto de nazistas do campo. Além de ser nossos carrascos, eles corrompiam nossas almas, levando embora o que tínhamos de mais precioso: nossa humanidade.

Assim que o concerto chegou ao fim, eu me aproximei dele. Mengele conversava com outros oficiais e fingiu não me reconhecer. Fiquei ao seu lado, determinada a pedir uma melhoria nas condições da creche. À medida que passavam os minutos, fui ficando mais nervosa. Finalmente, ele se virou, olhando-me de cima a baixo, com seu olhar gélido, e esboçou um leve sorriso.

— Vejo que tem algo importante a me comunicar, prisioneira.

— Sim, *Her Doktor* — respondi, titubeante.

— Já recebi seus informes e pedidos. Faço o que posso, mas a situação mudou notavelmente nos últimos meses. Os bombardeios desses malditos marxistas e judeus estão se intensificando. São milhares as crianças alemãs sem casa, praticamente sem ter o que comer. A senhora não pedirá que deixemos de alimentar bocas alemãs para dar de comer a ratos judeus ou de raças inferiores, certo? — ele me perguntou, com o cenho franzido.

Eu sabia que não seria boa ideia responder à sua pergunta, mas percebi uma sensação de fúria subindo do meu ventre à minha boca. Respirei fundo e, tentando acalmar meu tom, respondi:

— Eu entendo a situação, mas o leite acabou, a comida é escassa, e a maior parte das crianças está ficando doente. Não acredito que a metade delas consiga superar o inverno.

— Sendo assim, teremos menos bocas para alimentar. Não se esqueça, os mais fortes sobrevivem. Trata-se puramente de uma seleção natural — ele me respondeu, indiferente.

— Eles estão presos e não têm nenhuma possibilidade de sobreviver. Não se trata de seleção natural, mas simplesmente de deixá-los morrer de fome, frio e miséria — retruquei, furiosa.

— Cuidado com o tom de voz! Até hoje, eu sempre permiti suas impertinências porque a senhora é alemã, de raça ariana, mas minha paciência tem limite. Lembre-se de que a senhora tem cinco bocas para alimentar. Preocupe-se com elas, não com esses ciganos. E daí o que acontece com os demais? O que recebo do Instituto Kaiser Wilhelm só dá para alimentar as crianças do barracão 14 da área hospitalar. Não posso manter todos os ciganos de Birkenau. Não sou o pai dessas crianças — ele respondeu, totalmente fora da si.

Enquanto falava, seu rosto se aproximava cada vez mais do meu. Saía espuma da sua boca. Eu me afastei um pouco, tremendo de medo e fúria, pois nunca o vira tão alterado. Os demais oficiais se viraram para ver o que acontecia. De repente, Mengele percebeu e começou a ficar mais calmo.

— Este não é um bom lugar para conversarmos sobre um assunto tão delicado. Nós nos vemos em uma hora, em meu escritório. Por favor, seja pontual. Quero resolver esse assunto de uma vez por todas — disse ele, muito chateado, mas com um tom de voz suave e um gesto mais sossegado. Depois, virou-se de costas e sorriu para seus colegas oficiais, como se voltasse a se transformar em outra pessoa. O encantador Josef era capaz de enganar as damas e manter uma conversa magnífica.

Peguei meus filhos pela mão e os levei à creche. Queria me afastar ao máximo de Mengele. Zelma me seguiu, alcançando-me antes que eu chegasse ao barracão. Ela pousou uma das mãos em meu ombro e perguntou, com expressão triste:

— O que ele disse?

— Ele quer conversar comigo mais tarde — respondi, sem entrar em detalhes.

— Esta semana morreram mais cinco crianças. A esse ritmo, perderemos a metade delas antes do mês de janeiro — disse ela, com um tique nervoso no rosto.

— Eu sei, e penso nisso todos os dias. Isso me tortura, e você sabe que eu farei de tudo para remediar a situação, mas não vai ser fácil — expliquei à jovem, embora, no fundo, tentasse convencer a mim mesma de que deveria chegar até o fim para tentar convencer o doutor Mengele de que continuávamos sendo úteis na creche.

— Vou rezar por você. Não é fácil pactuar com o diabo — disse Zelma, antes de ir embora, de cabeça baixa.

Enquanto a banda de música se dispersava, os prisioneiros voltavam à terrível rotina de horror e morte. Nos últimos meses, quase todas as famílias ciganas tinham perdido um ou dois entes queridos. As primeiras vítimas foram os bebês. Desde nossa chegada ao campo, tinham nascido mais de duzentos, mas 80% deles não passava da primeira semana de vida. Depois, começaram a morrer as crianças pequenas, e isso acontecia por conta da desnutrição e da colite crônica, que deixavam grande parte delas tão frágeis que um leve resfriado era suficiente para fulminar suas vidas. Pouco a pouco, os adultos também começaram a desaparecer. Para as nazistas, isso era um alívio, pois teriam menos bocas para alimentar.

— Mamãe, vamos? — perguntou-me Blaz, arrancando-me de meus pensamentos por alguns segundos.

— Sim, vamos voltar à creche. Você tocou muito bem hoje. O seu pai pode ter escutado do outro lado do alambrado. Kanada fica muito perto daqui, e o vento é capaz de levar a música a metros de distância — comentei, tentando animá-lo um pouco.

Blaz, melhor do que ninguém, era capaz de interpretar meu estado de ânimo. Além disso, ele sabia que eu estava muito preocupada com eles e também com o resto das crianças do acampamento.

Na manhã seguinte ao meu encontro com Johann, contei aos meus filhos sobre minha fugaz reunião com seu pai, acontecida no dia do aniversário dos gêmeos. Todos começaram a reclamar por não terem tido a oportunidade de vê-lo, exceto Blaz. Ele entendia perfeitamente que, se pudesse, eu teria levado os cinco junto comigo.

— A única coisa que não gosto é de ser obrigado a fingir na frente de toda essa gente. Eles são maus, mamãe. Nosso professor, o senhor Antonin, contou o que eles fazem nas casas com chaminés. Eles nos matam. Mulheres, crianças pequenas e idosos são asfixiados todos os dias.

Eu o escutei, horrorizada, embora soubesse que um menino como ele, mais cedo ou mais tarde, descobriria o que acontecia com as pessoas que chegavam nos trens. No entanto, era terrível pensar que tal horror pudesse afetar sua mente quase infantil. Um menino de 11 anos não está preparado para saber certas coisas, da mesma maneira que não está preparado para viver as experiências que enfrentou em Auschwitz.

— Não converse sobre isso com ninguém, entendeu? Nós precisamos sobreviver, Blaz. Nossa única esperança é aguentar até o fim da guerra. Porém, para sobreviver, devemos passar desapercebidos e não chamar a atenção.

Nesse momento, meus outros filhos se aproximaram e interrompemos nossa conversa. Naquela manhã, os minutos me pareceram intermináveis. Em poucas horas, voltaria a enfrentar o doutor Mengele, e a simples ideia de entrar no seu laboratório me deixava de cabelo em pé. Eu sempre soube que minha vida estava em suas mãos, mas passara a temer o que ele poderia fazer aos meus filhos.

Às quatro, Ludwika chegou na creche. Quando a escutei batendo à porta fiquei assustada, embora soubesse que o doutor Mengele praticamente nunca vinha nos ver. Minha amiga tentou me tranquilizar. Porém, as crianças logo intuíram que algo estranho estava acontecendo e não paravam de orbitar ao meu redor. Pareciam uns filhotes temerosos que preferiam não se afastar muito de sua mãe. Ludwika agarrou meu braço e saímos ao ar fresco da avenida.

— Arrume-se um pouco, passe batom e pareça despreocupada — minha amiga me disse, começando a me arrumar um pouco e passando batom em meus lábios.

— Você ficou louca? Acha que vou flertar com esse indivíduo? — reagi, furiosa. Era incrível que alguém como Ludwika me propusesse algo tão vergonhoso.

— Eu não quero que você o seduza, ele já tem uma amante. Todos sabem que, desde que sua mulher foi embora, ele se deita com Irma Grese. Essa maldita sádica é um demônio, mas acho que os demônios se atraem.

Naquele momento, notei que o comentário da minha amiga me incomodava. Eu sabia que ela estava com a razão, mas, até nos momentos mais terríveis de Mengele, eu notava uma atitude humana de sua parte. Sem dúvida, tratava-se de uma atitude equivocada e sem piedade, mas ainda assim humana. Por sua vez, Irma e Maria Mandel me pareciam verdadeiros monstros.

Aceitei as palavras de minha amiga e arrumei um pouco meus cabelos, depois passei batom nos lábios e caminhei ao laboratório, decidida. Eu me casara muito jovem e minha experiência com os homens era tão escassa que não seria capaz de seduzir ninguém. Até aquele momento, eu não entendia que, para o sexo masculino, não é necessário muito para deixar-se levar por uma mulher.

Respirei fundo antes de entrar na Sauna. Em seguida, bati à porta e entrei, sem esperar resposta. O doutor estava sentado em sua cadeira, bebendo alguma coisa. Eu nunca o vira beber álcool, o que era muito comum entre os funcionários do campo. Ele estava com o jaleco desabotoado e parecia realmente deprimido. Foi surpreendente vê-lo daquele jeito, já que não se parecia com o homem arrogante com o qual eu discutira horas antes. Otto Rosenberg, um dos meninos ciganos que trabalhava para ele no campo, sempre dizia que o doutor passava grande parte do tempo imerso em suas experiências, ou então com o olhar perdido em algum ponto indefinido, do outro lado dos vidros sujos das janelas do barracão.

— *Frau* Hannemann, por favor, entre e sente-se — disse ele, com muita amabilidade, mais ou menos como no primeiro dia em que me convidou ao seu laboratório, para conversarmos sobre a creche.

— Obrigada, *Herr Doktor* — respondi, sem meandros, e me sentei.

— Lamento a forma como me comportei hoje de manhã. O volume de trabalho aumenta a cada dia, e os meios são escassos. Eu adoraria poder me centrar nos meus experimentos, mas os trens se sucedem sem cessar, e passo muito tempo na plataforma da estação. Um trabalho duro, mas necessário. A maior parte desses pobres diabos não aguentariam um dia sequer em Birkenau.

— Lamento sua situação, mas asseguro que as crianças do campo cigano estão à beira da morte. Todos começaram a emagrecer, e muitos estão doentes.

— Eu sei, pois sou o médico responsável por este campo. No entanto, cada vez passo mais tempo no hospital. Tenha certeza de que estamos muito preocupados com as crianças ciganas, mas não é fácil conseguir ajuda — disse Mengele, ficando de pé. Eu sabia que ele mentia, que não se importavam conosco, mas o jogo de palavras nazista sempre lançava mensagens ambíguas e sem sentido.

Ele caminhou pela sala, parando às minhas costas. Eu não o via, mas meu corpo, de alguma maneira, percebia sua presença. Ele estava sempre perfumado, e seu uniforme exalava uma fragrância de roupa limpa, vindo da lavanderia dos oficiais.

Até aquele momento, eu não entendia que, para muitos nazistas, os primeiros anos em Auschwitz tinham sido um longo acampamento de verão, algo que chegava ao fim pouco a pouco.

— Vou pedir diretamente ao comandante que volte a enviar leite, pão e outros alimentos à creche. E também o material escolar necessário. Os médicos me falaram sobre uma doença que está atingindo várias crianças ciganas. O nome dela é *noma*. A senhora já ouvir falar?

A verdade é que o doutor Senkteller e Ludwika tinham me dito que algumas crianças estavam apresentando uma estranha doença no rosto e nos genitais. Os casos tinham se multiplicado nos últimos dias e, após a escassez das últimas semanas do outono, metade das crianças apresentava essa espécie de úlcera sangrenta no rosto. Eu morria de medo, pensando em meus filhos, mas nenhum deles se contagiara até então.

— A noma é uma doença endêmica na África, mas não tinham sido vistos casos na Europa até agora. Trata-se de uma infecção polimicrobiana gangrenosa na boca e nos genitais. As causas podem ser várias, mas é influenciada, principalmente, pelas condições sanitárias e a falta de vitamina A e B. Normalmente, afeta crianças menores de 12 anos, e a taxa de mortalidade é muito alta, chegando a noventa por cento dos infectados.

Fiquei petrificada. Até aquele momento, os casos mais graves eram escassos, mas nunca imaginei que a doença fosse tão mortal.

— Por isso, decidi enviar os gêmeos à creche ou à escola infantil. Temo que possam contrair a doença — disse Mengele.

— Mas essa doença é contagiosa? — perguntei. Na escola de enfermagem, ouvi alguma coisa sobre isso, mas nunca vira um caso.

— Parece que não. É combatida com antibióticos e uma melhora na alimentação. No entanto, não posso assegurar que os antibióticos serão administrados, pois a maior parte das doses são enviadas aos *fronts* de guerra e às cidades que estão sendo bombardeadas diariamente pelos ingleses e norte-americanos, mas melhoraremos a alimentação de seus alunos.

— Mas, *Herr Doktor*, a alimentação não será suficiente.

— Estou analisando a doença com *Herr Doktor* Berthold Epstein e espero chegarmos a uma cura eficaz o quanto antes. Por isso, algumas crianças foram enviadas ao acampamento do hospital, especialmente os casos mais graves — disse Mengele.

Fiquei de pé e me virei. Ao menos, conseguira que o doutor aceitasse melhorar um pouco as condições das crianças ciganas do campo.

— Não estranhe se levarmos algumas crianças saudáveis. Algo nos diz que a noma também apresenta um caráter hereditário. Os ciganos são muito endogâmicos, e a sífilis apresentada por vários homens parece estar relacionada a essa doença. Nos campos de famílias tchecas, não surgiu quase nenhum caso — comentou Mengele.

— Eles chegaram há poucos meses — comentei.

Nós sabíamos que os nazistas tinham aberto um campo apenas para famílias tchecas. Isso era excepcional em Auschwitz, embora muita gente acreditasse ser uma forma de calar as vozes que, vindas de fora da Alemanha, levantavam-se contra os maus-tratos dispensados aos judeus.

O doutor sorriu, e eu pude ver seus dois grandes dentes incisivos separados. Ele parecia um menino travesso, incapaz de fazer mal a alguém. No entanto, eu não poderia embarcar em suas palavras suaves e seus gestos amáveis.

— Vou colaborar com o senhor, caso mantenha sua palavra de melhorar as condições das crianças. Por favor, não se esqueça de que eles são seres humanos, exatamente como nós. É possível que não tenham sangue ariano, mas o que corre em suas veias também é sangue, *Herr Doktor*.

O oficial franziu o cenho e alterou imediatamente sua expressão. Por alguns instantes, pensei que meu comentário poderia ter sido exagerado. No entanto, eu sabia que Mengele me respeitava exatamente por eu ser capaz de dizer tudo o que pensava, mesmo arriscando-me a sofrer graves consequências. Eu não duvidava que, de certa maneira, minha condição de alemã e ariana me protegia de sua mente racista e criminosa, mas ele sabia que ninguém o acusaria de nada caso tivesse me dado um tiro naquele mesmo instante.

— Algum dia a senhora entenderá o que estou fazendo pela Alemanha e pelo mundo. Não queremos exterminar todas as raças. Queremos apenas que cada uma ocupe o lugar que a corresponde. Depois da guerra, surgirá uma pequena colônia para os ciganos. Eu escutei o próprio Himmler dizendo isso, o nosso *Reichsführer-SS*. E posso assegurar que ele é um homem honrado, que sempre cumpre sua palavra.

Não respondi nada. Limitei-me a cumprimentá-lo com uma ligeira inclinação de cabeça, e o doutor me acompanhou à porta. Quando saí, já era noite. Não quis virar para me despedir novamente. De certa maneira, naquela tarde eu perdera minhas últimas esperanças de encontrar algum traço de humanidade em Mengele. Aquele doutor completara sua transformação maléfica nos seis meses que vivia em Birkenau, mais ou menos o mesmo tempo em que eu estava ali com minha família. De herói de guerra a nazista convencido, ele passara a ser um selecionador de pessoas que seriam impunemente assassinadas, um médico sanguinário que não se importava com seus pacientes.

Quando cheguei ao barracão, minha amiga já tinha posto as crianças para dormir. Para mim, foi um alívio não ter de colocá-los na cama aquela noite. Eu estava exausta, sem forças, e o desânimo parecia apoderar-se de mim.

— Como foi?

— Tudo bem, de certo modo. Ele se comprometeu a continuar enviando alimentos para a creche — respondi, sem muito entusiasmo.

— Isso é uma boa notícia.

— Não sei... Eu senti algo tenebroso naquele lugar. Devemos nos preparar para o pior. Nosso destino está ligado ao que acontecer fora dessas cercas. Se os nazistas perderem a guerra, tentarão apagar os rastros de seus crimes. Se ganharem, poderão dar um fim a todos nós, e sem nenhuma culpa. Só um milagre nos salvaria de uma morte lenta e certa.

Aqueles pensamentos lúgubres acabaram desanimando minha amiga. Nós éramos jovens e queríamos acreditar que a vida seguiria em frente, que encontraríamos um caminho. No entanto, não éramos melhores do que as milhões de pessoas que tinham falecido na Europa e em meio mundo. A morte não fazia distinção entre inocentes e culpados, alimentando-se de centenas de almas que, ano após ano, uniam-se à sua horrenda lista de desolação. Todos estávamos inscritos naquele registro tenebroso, só um milagre poderia nos salvar.

14

Auschwitz, dezembro de 1943.

O fim do ano se aproximava. O que normalmente era uma época de celebração e alegria, naquele momento, enchia-nos de incertezas. Chegaríamos a 1944?

Recebíamos notícias de duros bombardeios sobre Berlim e outras cidades alemãs. Em Auschwitz, a consequência era a preocupação dos guardas, que bebiam muito e sempre pareciam de mau humor. Muitos deles tinham perdido parte de suas famílias ou começavam a temer que seus crimes não permaneceriam eternamente impunes. O melhor era evitá-los e tentar passar despercebidos.

Mengele cumpriu sua promessa em parte. Nos meses de outubro e novembro, a situação melhorou na creche, mas tudo voltou a escassear em dezembro. Oficialmente, os ataques aliados dificultavam o transporte de materiais. No entanto, os trens carregados de judeus e outros reféns dos nazistas chegavam pontualmente a Birkenau. A lógica nazista não se parecia em nada à empregada pelo resto da humanidade. Para eles, o ódio tinha uma força que nunca conseguiríamos compreender.

A população no campo cigano diminuía mês após mês. Além disso, o inverno foi especialmente duro naquele fim de 1943. A maior parte dos barracões não tinha lenha nem carvão para ser aquecida. A creche, a escola infantil e o hospital eram os únicos lugares onde tais luxos eram permitidos.

As crianças podiam ficar em seu cantinho quente e limpo todas as manhãs. Porém, à tarde e, sobretudo, nas duras noites de inverno, permaneciam nos barracões, cheios de barro e congelados.

No fim de novembro, apresentei um pedido ao comandante para que as crianças mais novas passassem a dormir na creche e na escola infantil, mas ele não aceitou. A cada dia, mais crianças morriam, ficavam doentes ou sofriam os terríveis sintomas da noma.

O moral no campo era muito baixo. Por isso, fiquei surpresa no dia em que nos enviaram uma judia vinda da Estônia, chamada Vera Luke, para reforçar a equipe de professoras. A jovem tinha sido enfermeira em seu país e, embora apresentasse um aspecto frágil e doentio, serviu com um sopro de ar fresco na creche, que atravessava suas horas mais sombrias.

Logo cedo, reuni a equipe de professoras, antes que as crianças chegassem à escola, e começamos a fazer uma avaliação das semanas anteriores. Eu estava especialmente preocupada em como enfrentaríamos o inverno naquelas condições tão adversas.

— Apresento a todas vocês nossa nova companheira, Vera Luke — disse ao resto de professoras.

Elas tentaram ser calorosas, mas a maior parte de minhas colaboradoras sofria o mesmo efeito do frio, da má-nutrição e da angústia que produzia uma situação desesperadora nas crianças.

— Quando me disseram que eu trabalharia em uma creche, em Auschwitz, pensei que estivessem zombando de mim, mas agora vejo que é possível criar um oásis no meio do deserto — disse Vera, sorrindo.

Sorrir era um luxo que, havia muitas semanas, não nos permitíamos.

— Obrigada, Vera. Agora, vamos pensar no que está faltando por aqui.

Comecei a recitar uma longa lista, que crescia a cada dia. Quando terminei de ler, observei minhas companheiras, que pareciam desanimadas, com suas cabeças baixas.

— Eu acho que vocês só estão olhando para o que não têm e para o que falta acabar até ficarem sem nada — disse Vera. — Estou há dois meses neste inferno, mas já aprendi a não esperar nada, e sim a tentar desfrutar de cada dia, sem pensar no amanhã. Proponho um ato de rebeldia. Vamos festejar o Natal!

Ficamos olhando para a jovem, surpresas. Para a maior parte de nós, o Natal significava um tempo de celebrações e esperanças. Porém, em Auschwitz, o Natal não existia.

— Vocês sabem que sou judia, mas devolveremos um pouco de fé a essas crianças se festejarmos o Natal. Eles renovarão suas esperanças, seus sonhos e suas ilusões. Por favor, não deixem que os nazistas roubem isso deles.

Vera ficou nos observando com seu sorriso aberto. Seus dentes brancos e perfeitos brilhavam como diamantes aos nossos olhos cansados. Nesse momento, imaginei meus cinco filhos festejando o Natal. Eles adoravam o Natal, mas logo fiquei em dúvida: como conseguiríamos tudo o que seria necessário? O que poderíamos lhes oferecer?

— Não temos nada para celebrar o Natal — respondi, um pouco aturdida. Era a primeira vez, desde que dirigia a creche, que não me deixava guiar pela ilusão.

— Podemos fazer uma árvore, enfeites e presentes, mesmo que sejam simples. E podemos tentar conseguir um pouco de açúcar e farinha para preparar um bolo. O resto serão simplesmente canções de Natal e uma breve peça teatral sobre o tema — disse Vera, animada.

Todas começaram a conversar entre si, entusiasmadas. Produziu-se uma alegria repentina, e eu olhei para Vera, entendendo o que ela tentava conseguir. Vera queria que recuperássemos a ilusão, mas eu temia que um novo fracasso aniquilasse o pouco ânimo que nos restava.

— Tudo bem, vamos fazer essa festa. Vamos tentar conseguir a ajuda dos guardiões. No entanto, o mais provável é que não aceitem. Ultimamente, eles vivem taciturnos e amargurados. Temos dois dias para fazer tudo. Melhor colocarmos as mãos à obra — falei, um pouco mais convencida.

Passamos a hora seguinte distribuindo as tarefas. Todos os demais assuntos foram relegados a segundo plano. Já não importava a falta de comida e o futuro incerto. Vera nos lembrava de que o melhor alimento para a alma é a fantasia.

Quando chegou a hora da aula, passei à Vera suas novas tarefas. Como fazíamos todos os dias, a equipe se postou na entrada dos dois barracões para receber os alunos. Ficamos olhando para a grande avenida coberta de neve. À noite, a temperatura baixara tanto que boa parte do manto branco congelara. O frio cortava nossos rostos, atravessando sem dificuldade nossas roupas, gelando nossa pele. Após dez minutos ao ar livre, decidimos voltar para dentro da creche.

Pedi a todas que se sentassem em uma das mesas. Depois olhei pela janela, mas não via ninguém pelo acampamento.

— Alguém sabe o que está acontecendo? Por que as crianças não chegam? — perguntei, nervosa, às minhas companheiras.

Timidamente, Zelma levantou a mão e suas colegas ciganas ficaram olhando para ela, muito sérias.

— As mães estão preocupadas e preferem não trazer seus filhos.

— Por que vocês não me disseram nada? O que está acontecendo? Só aqui as crianças passam algumas horas aquecidas e comendo um pouco de pão com manteiga.

Elas perceberam meu tom de mau-humor. Eu me sentia traída por algumas mulheres da minha própria equipe.

— As mães têm medo de não voltarem a ver seus filhos se os trouxerem à creche. O doutor Mengele já levou muitos gêmeos, além de algumas crianças ciganas com uma íris de cada cor. Elas não confiam mais em nós. Eu implorei e pedi que, por favor, conversassem com você, mas todas me responderam que você é alemã e colabora com os nazistas.

As últimas palavras da jovem mal atravessaram seus lábios carnudos. Ela claramente não gostava de ser a mensageira de notícias tão tristes.

— Isso é ridículo. A maior parte das crianças estaria morta sem a creche. O problema é o inverno. Muitas morreram de fome e frio, mas não somos nós as culpadas de não termos mais comida — retruquei, chateada.

Uma das mães ficou de pé e, apontando na minha direção, começou a gritar como se, durante meses, tivesse reprimido tudo o que imaginava me ver fazendo errado.

— Seus filhos se alimentam melhor do que o resto e moram aqui, neste lugar quente e confortável. A maior parte das mães perdeu um ou dois filhos, mas você ainda tem os cinco. Você é favorecida pelo doutor e minha pergunta é: a troco de quê? Ele prometeu proteger seus filhos?

O rosto da mulher parecia desfigurado. Sua cara de ódio me assustou. Eu sempre tentei fazer o melhor para melhorar a condição de todas as crianças. Preferi não responder. Limitei-me a ficar de pé e seguir em direção à porta.

— Aonde vai, *Frau* Hannemann? — perguntou Zelma.

— Vou, de barracão em barracão, conversar com todas as mães — respondi, após fechar meu casaco e sair ao frio glacial da avenida.

As professoras me acompanharam em silêncio. Elas se limitaram a me seguir e oferecer apoio moral. Fomos ao primeiro barracão, onde entrei, decidida. As crianças e as mães estavam reunidas no centro do salão. Praticamente, nem se notava a diferença entre estar fora ou dentro daquele barracão. O cheiro de suor, urina e madeira podre me fez lembrar de meus primeiros dias em Birkenau. Pensei em todas as humilhações que sofri e na dificuldade de manter a compostura por ali. Aquelas mães eram verdadeiras heroínas, mas o medo as paralisava por completo.

— Lamento muito a desconfiança que criamos entre as senhoras e nós. A situação no campo é muito dura, o inverno está sendo terrível e eu sei que rumores correm em todas as direções, mas nós só queremos ajudá-las. E oferecemos o único que podemos: nossa própria vida. Não gostamos de ter privilégios. Eu pedi ao comandante para que todas as crianças permanecessem nos barracões da creche e da escola infantil, mas ele negou. Estou com as pontas dos dedos machucadas de tanto escrever pedidos. Às vezes, nem tenho papel para fazê-lo. *Herr Doktor* nos ofereceu ajuda. Sim, ele também levou crianças para suas experiências, mas ele mesmo já disse que está estudando uma maneira de eliminar a gangrena que afeta as crianças ciganas — comentei. Depois, fiz uma longa pausa e fiquei observando os rostos carcomidos pela fome e pelo medo, rostos que poderiam ser de fantasmas que viviam flutuando no ambiente lúgubre de um cemitério. — No entanto, vocês precisam confiar em nós. Seus filhos receberão um pouco mais de comida e, ao mesmo tempo, estarão aquecidos até o meio-dia. Não tenho controle sobre as crianças que são levadas do acampamento ao hospital, mas tentarei mantê-las como se fossem meus filhos. Eu prometo.

Eu sabia que não poderia fazer nada, ou muito pouco, se os guardiões quisessem levar os gêmeos ou outras crianças, mas tentaria, ao menos, paralisar o traslado, exigindo uma explicação. As mães fizeram um gesto às crianças, que nos acompanharam ao barracão seguinte.

Durante três horas, percorremos todos os edifícios do campo cigano. Foi um trabalho exaustivo e, quando terminamos, estávamos congeladas e mortas de cansaço, mas quase noventa por cento das crianças nos acompanhavam. Depois, fui ao hospital, e as professoras deram início às aulas. Já era meio-dia, hora em que costumava visitar as crianças mais doentes. Porém, ao atravessar a avenida, deparei-me com um episódio realmente surpreendente.

A guarda Maria Mandel caminhava pela neve, arrastando um pequeno trenó de madeira. Em cima dele, havia um menino cigano de mais ou menos cinco anos de idade vestindo roupas caras. A criança parecia animada com o passeio. A guarda parou bem na minha frente.

— Prisioneira, quero que cuidem desse menino. Ele se chama Bavol e é filho do rei dos ciganos na Alemanha. Sua família é uma das mais nobres dessa raça. Seus pais foram eleitos pelo *Herr Doktor* Robert Ritter para representar os ciganos alemães. Dizem que chegaram a promover uma coroação em Berlim, há três anos, oficializada pelo arcebispo. O pai dele deve ter ficado muito orgulhoso do cargo, por isso organizou uma pequena rebelião de ciganos no gueto de Lodz, o que causou a deportação da maior parte dos moradores para este campo. A ordem era fazer justiça com os pais, mas não falaram nada sobre o filho. Melhor que cuidem bem dele, que vale muito mais do que todos esses fedelhos juntos.

Fiquei surpresa ao ver aquela mulher terrível arrastando um príncipe cigano em um trenó. Olhei para o menino de grandes olhos negros. Seu aspecto era impecável, e seu vestido de veludo azul não continha nenhuma mancha.

— Quando a aula terminar, você virá buscá-lo? — perguntei, um pouco nervosa, pois não sabia como reagir àquela mulher.

— Sim, claro. Caso contrário, eu enviaria um *kapo* do acampamento. Esse menino está sob minha supervisão direta. Ninguém deve tocá-lo — ela respondeu, em tom seco.

Depois, agachou-se e sorriu para o menino, entregando-lhe um chocolate. Para Maria Mandel, aquele pobre menino seria uma espécie de animal de estimação e, com ele, ela se divertia e recebia um pouco de afeto. Afinal, nós deixamos de existir quando não existe ninguém neste mundo capaz de nos amar.

A guardiã começou a voltar aos barracões da entrada e eu olhei para Bavol. Após lhe dar a mão, perguntei-lhe sorrindo se queria me acompanhar. O jovem príncipe não disse nada, mas me devolveu o sorriso. Nós subimos as escadas da creche e, após apresentá-lo a uma professora, deixei-o por lá. Por alguns segundos, fiquei olhando para as paredes. A pintura parecia um pouco mais apagada do que no dia da inauguração, mas aquele lugar ainda era maravilhoso, um refúgio onde poderíamos nos esquecer das desgraças do campo.

— Bavol — chamei o menino. — Você gosta de pintar?

Ele fez um gesto afirmativo e deixou de lado sua postura arrogante, esboçando um sorriso. Durante muitos anos, ele deve ter sido tratado como um deus, assim como seus pais, e passara a ser outra vítima do sistema cruel e arbitrário dos nazistas.

Os dois dias seguintes foram frenéticos. As professoras chegavam duas horas antes das aulas para preparar o material, e eu não parava de visitar os escritórios a fim de solicitar coisas. O doutor Mengele nos ofereceu um pouco mais de comida naquele dia, e um *kapo* apareceu com um pinheiro para a festa.

Durante quase toda a manhã, ensaiamos canções de Natal e uma curta peça de teatro. Tudo deveria sair perfeitamente.

Na noite do dia 24 de dezembro, véspera de Natal, a festa estava preparada. Os mais novos cantariam duas ou três canções, e os mais velhos participariam da peça sobre o nascimento de Jesus. Depois, ofereceríamos um pouco de comida às crianças e a seus pais. Não sabíamos se algum guardião apareceria, mas não era provável. Para eles, seria mais fácil continuar nos enxergando como animais ou objetos sem vida, pois não gostariam de titubear quando chegasse o momento de nos castigar ou assassinar.

A festa começou pontualmente. Velas e guirlandas adornavam a creche, produzindo um ambiente natalino, e um lindo pinheiro com velas e fitas transformava aquele espaço no mais parecido possível a uma ampla e aconchegante sala de estar.

Os pais entraram em silêncio e se sentaram nas cadeiras. A maior parte dos homens ficou de pé, e as mães tentavam conseguir os melhores lugares para assistir a seus filhos. Blaz e Otis se encarregaram de acomodar as pessoas, para que não houvesse problemas. Uma grande cortina fazia as vezes de cortina teatral. Vera entrou no palco improvisado, vestindo uma espécie de túnica, e se dirigiu ao público:

— Queridos pais e mães, avós e irmãos, hoje celebraremos juntos uma das festas mais queridas por crianças e adultos: o Natal. As crianças prepararam com muito amor o que vamos ver. Portanto, peço a todos que...

De repente, ela ficou paralisada, como se tivesse visto um fantasma. Virei o rosto e, antes de mais nada, notei o frio que entrava pela porta entreaberta. Depois, apareceu Maria Mandel. Seu uniforme, impecável como sempre, estava coberto por uma grande capa cinzenta. As pessoas se afastaram dela, temerosas. Todos imaginamos que interromperia o evento ou começaria a bater no público, mas ela apenas se apoiou na parede da entrada e ficou em silêncio.

— Primeiro, as crianças cantarão "O Du Fröliche" — disse Vera, um pouco nervosa.

A sala foi tomada por aplausos e meus filhos ajudaram a abrir a cortina. As crianças usavam pequenas gravatas-borboleta pretas e calças com suspensórios. Suas camisas brancas reluziam à luz das velas. Elas olharam para Maja, uma de suas professoras, e começaram a cantar, sendo acompanhadas pelo violino de Blaz.

A linda voz das crianças pequenas ressoava entre as paredes da creche, e os primeiros flocos de neve caíam na noite escura. O coro nos transportou a festas de Natal mais felizes, e nós nos lembramos dos primeiros presentes, da ilusão e da magia que envolviam a noite dedicada ao presépio de Belém. Pouco a pouco, fomos invadidos por uma enorme melancolia. De repente, uma das crianças começou a soluçar e, rapidamente, contagiou todas as outras. Certamente, todas se lembravam de seu Natal anterior, repleto de presentes e felicidade.

As lágrimas afogaram suas vozes, primeiro como um sussurro, depois como uma torrente que acabou arrastando a todos em sua tristeza. Eu olhei para Adalia, que estava ao lado das meninas, e notei, ao longe, as lindas pérolas que brotavam de seus olhos azuis. Pensei em Johann, de quem não sabia nada desde minha rápida visita a Kanada. Era a primeira vez que passávamos o Natal separados. E não havia comidas especiais, cantigas ao lado da lareira, presentes sob a árvore na manhã seguinte nem a impaciência das crianças rasgando os papéis coloridos, com os olhos arregalados, derramando felicidade por todos os poros.

Tentei me acalmar, pois não poderíamos estragar aquela noite com pensamentos fúnebres nem com lamentos por conta de pessoas que já não estavam ao nosso lado. Postei-me ao lado das crianças, dei a mão à pequena Adalia e comecei a cantar. No princípio, minha voz ressoou sem acompanhamento, mas logo as vozes das outras professoras se uniram à minha e, no final, todos começaram a entoar uma linda canção de Natal.

As crianças cantaram mais duas canções. Os mais velhos representaram, e muito bem, o nascimento de Jesus. Emily estava vestida de Virgem Maria e Ernest, de São José.

Zelma e Kasandra fizeram uma apresentação de marionetes para as crianças, que estavam sentadas aos pés de suas mães. Bavol, o pequeno príncipe cigano, ficou aos pés de Maria Mandel, que estava gostando do espetáculo, parecendo humana pela primeira vez.

Quando o espetáculo chegou ao fim, todos seguiram às mesas e começaram a comer. Embora a maior parte dos adultos não provasse aquele tipo de coisa havia tempos, deixaram quase tudo para as crianças.

Maria Mandel não se aproximou da mesa. Ela começou a vestir o casaco no menino e saiu discretamente da creche. Vendo-a ir embora, eu me perguntei o que havia na alma daquelas mulheres para que se comportassem de maneira tão brutal e cruel. E eu sabia que nunca encontraria uma resposta. A maldade é bem mais do que um comportamento antissocial ou uma deficiência psicológica. Acima de tudo, trata-se da falta de amor próprio e ao próximo. Aquela guardiã se comportava como uma mãe, mas eu não saberia dizer até que ponto estaria disposta a chegar para salvar seu novo bichinho de estimação. Os nazistas sempre cumpriam regras. Sua vida era o partido, e eles sabiam que qualquer infração poderia afastá-los da fome de poder e influência, transformando-os novamente nos mesmos "zés-ninguém" de sempre. Hitler lhes dera uma razão para viver. Eles eram cães fieis de um amo sem piedade, mas que ao menos deixava que todos saboreassem as migalhas de seu poder cruel.

Uma hora mais tarde, as famílias saíram da creche totalmente felizes. Em poucos minutos, voltariam à sua terrível realidade, mas todos nos agradeceram por aquele presente inesperado que a vida lhes oferecera. Ao final da festa, as professoras me ajudaram a arrumar tudo. Com o salão limpo, fui colocar as crianças para dormir. Eles estavam tão cansados que não resmungaram. Blaz e Otis ganharam um estilingue cada um, mas não poderiam levá-los para fora do barracão, pois estavam proibidos no campo. Os gêmeos ganharam uma boneca sem braço e um cavalo velho e sem cor, que pareciam, aos seus olhos, os presentes mais bonitos do mundo. Adalia apertava sua boneca de trapo contra o peito e me deu um beijo quando se deitou na minha cama.

Fui à sala e comecei a escrever no meu caderno. Havia tempos não escrevia nada. De certa maneira, era como se renunciasse a continuar registrando minhas memórias. E mal começara a escrever quando ouvi a porta se abrindo. Escondi o caderno dentro do casaco e fiquei olhando para a sombra recortada contra a porta, impaciente. Para minha surpresa, era Maria Mandel, que caminhava na minha direção com o corpo ligeiramente curvado. Comecei a tremer. Aquela mulher nunca era mensageira de boas notícias, e todos a temiam. A guardiã se aproximou da luz e notei seus olhos vermelhos, além de sua expressão feroz.

— Eles o levaram — ela comentou, sem dizer nada mais.

Eu sabia que ela falava sobre o menino que decidira apadrinhar nos últimos dias, mas não entendia muito bem o que dizia. Não quis perguntar nada, pois ela poderia reagir de forma violenta e fazer algo contra meus filhos.

— Eles o levaram, acabaram de desalojar o barracão dos órfãos. Uma dezena foi enviada ao campo do hospital, mas o resto deixará de existir em questão de minutos.

A voz da guardiã era rouca, como se tivesse passado um tempo chorando. Pensei que teria bebido, mas ela parecia sóbria naquela noite de Natal.

— Quer que eu prepare alguma coisa?

— Não, eu só não queria ficar sozinha esta noite. Tudo o que aconteceu por aqui... — disse ela, sem terminar a frase.

— Lamento. Era um menino lindo e inteligente.

— Você não entende nada, sua puta. Você é alemã e teve filhotes de macaco com aquele cigano. Você não é como eu. Pessoas como você não passam de escória. Guarde a sua compaixão, pois em pouco tempo você a usará em nome dos seus filhos.

Ela ficou me olhando e, por um segundo, por trás daquela máscara de maldade e soberba, percebi um lampejo muito tímido de humanidade. Depois, ela seguiu para a porta e partiu em direção à tempestade de neve. Suas palavras me atingiram como punhos em chamas. O que ela queria dizer com tudo aquilo? Estaria me ameaçando ou simplesmente tentando aliviar sua raiva?

A morte de qualquer ser humano é irreparável, tem um valor infinito, pois nada é capaz de substituir uma vida que se leva embora. Naquela noite, celebramos a vida, o nascimento do Menino Jesus, mas muitas crianças morreriam sacrificadas nas fogueiras do ódio e da maldade. Inclinei minha cabeça e pensei na mensagem do presépio: *Glória a Deus nas alturas e paz na Terra aos homens de boa vontade.*

A guerra continuava gerando sua dose de morte e desolação, mesmo naquela Noite Feliz. Portanto, tentei encher meu coração de amor, pois não queria que o ódio corroesse minhas entranhas. Precisava amar até os meus inimigos, já que essa seria a única maneira de não me transformar em um monstro.

15

Auschwitz, março de 1944.

O final do inverno se aproximava, mas nós sabíamos que a primavera ainda demoraria a chegar na Polônia. A neve ainda cobria parte do acampamento. Quando desaparecesse, abriria espaço ao lodo produzido pela chuva incessante, mas também a um triste rastro de morte. A comida era muito escassa, e algumas famílias influentes tentavam ficar com a maior parte dela. As mulheres sem marido, as ciganas de comunidades pequenas e as crianças eram as que mais sofriam na injusta divisão de mantimentos. Os mais privilegiados eram meus antigos amigos ciganos alemães. Fui várias vezes ao barracão 14, pedindo que mudassem sua atitude, mas eles sempre me respondiam que preferiam ver os filhos dos outros morrer de fome do que os seus.

De certo modo, a negligência dos guardiões (mais preocupados em passar o dia bêbados e tentando se esquecer da guerra que se aproximava, sem perdão, da Alemanha) fazia com que eles se desligassem do campo. Nós recebíamos notícias sobre a vida dissoluta das guardiãs e dos soldados da SS. Chegaram a dizer que Irma Grese estaria grávida.

Os alemães tinham fechado a escola criada por Antonin Strnad para os idosos, e eu temia que fizessem o mesmo com a creche, o que poderia acontecer a qualquer momento. Naquela manhã de domingo, não haveria aula, e meus filhos continuavam dormindo no quarto ao lado quando ouvi alguém batendo à porta. Levantei-me e a abri com cuidado, tentando não fazer barulho.

— *Frau* Hannemann, gostaria de me apresentar — disse uma jovem, dona de grandes olhos azuis e cabelos ondulados. Ela falava um alemão correto, mas parecia ser tcheca, por conta do seu sotaque.

— Sim, claro.

— Meu nome é Dinah Babbitt, sou pintora. O doutor Mengele me enviou para que eu pinte alguns retratos dos ciganos do campo. Queria pedir a sua ajuda, já que, sendo a diretora da escola, poderia facilitar meu acesso às crianças e a suas mães.

O pedido da jovem me surpreendeu, mas, conhecendo o doutor Mengele, eu sabia que ele estaria mais interessado em seus estudos antropológicos e biológicos. De início, não me pareceu má ideia que ela pintasse o retrato de crianças da escola, pois isso os livraria, ao menos, da monótona e dura vida do campo. No entanto, essa parecia outra ordem absurda dos mandatários nazistas. Aquela gente estava obcecada em guardar informação e registrar tudo. Dinah era uma linda jovem de olhos azuis e cabelos avermelhados. Segundo as meninas me disseram, era de origem tcheca, e Mengele a elegera para que pudesse registrar os tons de pele dos ciganos, já que uma câmera fotográfica não seria capaz de fazê-lo.

— Vou preparar uma lista. Amanhã de manhã, a senhora poderá começar a preparar os desenhos. O que não posso garantir é que os adultos apareçam por aqui. Os moradores do acampamento estão muitos descontentes, e temo que alguns deles se neguem.

— Muito obrigada pela sua colaboração.

— Aceita um chá? — perguntei. O líquido que eu preparava não se parecia em nada com a maravilhosa infusão indiana, mas, pelo menos, era quente e acalmava um pouco o estômago.

— Um chá é sempre uma boa ideia — ela respondeu, sorridente.

Não demorei muito preparando a infusão. Quando voltei a me aproximar da mesa em que a jovem se sentara, ela parecia ensimesmada com as ilustrações nas paredes.

— Quem desenhou essas coisas?

— A verdade é que já perderam um pouco do brilho. Eu fiz aquele, mas os maiores foram pintados por uma cigana chamada Zelma.

— Estão ótimos. Uns desenhos parecidos a estes salvaram minha vida — disse a jovem.

— Sério? — perguntei, intrigada.

— Sim. Pouco depois de ter chegado ao campo, um colega me pediu que pintasse um mural da Branca de Neve e os Sete Anões, com base no filme da Disney. Eu pensei que os guardiões me castigariam, mas o doutor Mengele viu o mural e achou que poderia tirar proveito do meu talento.

— O doutor Mengele vive em busca de pessoas que possam favorecer suas pesquisas — respondi, um pouco chateada. Eu sabia que aquele homem nos usava, que era um grande manipulador e que só pensava em ganhar destaque para entrar na história.

— É verdade, mas isso salvou minha vida e também a da minha mãe. Nós duas estamos vivendo em melhores condições, e eu gosto do que faço — ela me disse, tomando um gole de chá.

— Eu não vejo Mengele há dias — comentei.

— Ele deve estar no futebol, sem dúvida.

Dinah terminou de falar e, imediatamente, escutamos uma mulher gritando na rua. Saímos correndo para a avenida. A uns dez metros, vimos uma mãe com seus dois filhos gêmeos: Guido e Nino, de quatro anos. Dois dias antes, esses meninos tinham sido levados por um soldado da SS, mesmo sob meus protestos. Desde então, a mãe não parava de vir à creche perguntar se eu sabia algo deles. Corremos em direção à mulher, que não parava de bater no próprio peito, enquanto seus filhos choravam. Quando nos aproximamos, vimos que as crianças estavam cobertas com uma manta puída. Elas choravam, desconsoladas, com seus rostos sujos demonstrando uma expressão de dor extrema.

— O que aconteceu com as crianças? — perguntei à mulher, inclinando-me para levantá-la da neve.

— Meu Deus, esse homem é um monstro — ela dizia, um tanto incoerente, como se tivesse ficado louca.

— Acalme-se, o que ele fez? — perguntei, inquieta.

— Veja você mesma. Esse monstro mutilou os meus filhos.

Com cuidado, ergui a manta. Só então percebi que os braços e as costas dos gêmeos estavam costurados, colados uns aos outros. A enorme ferida supurava, com um aspecto terrível, roxa e inchada. Por que ele fizera aquilo? Mengele costurara um menino ao outro, chegando a unir suas veias.

Logo em seguida, senti um cheiro terrível — a carne estava apodrecendo. Eles não demorariam para sofrer uma infecção generalizada, gangrenando e morrendo. Arrastei os dois, junto à sua mãe, ao hospital. O doutor Senkteller e minha amiga Ludwika estavam de plantão. Eles nos deixaram entrar imediatamente. Eu deixei a mãe com Dinah, a pintora, e fui ajudar os meus colegas.

— Quem fez isso? — perguntou o doutor, sem acreditar no que via.

— O doutor Mengele — respondi.

Os dois se entreolharam, surpresos. O aspecto das feridas profundas e sujas não parecia trabalho de um profissional. Na verdade, poderiam ser comparadas a cortes e costuras de um açougueiro.

— A infecção atingiu os ossos dos meninos. A única maneira para que sobrevivam mais alguns dias seria amputando seus braços. Porém, como não temos morfina nem antibióticos, a infecção se espalharia por todo o corpo, e eles morreriam sentindo dores terríveis — disse o médico.

Eu comecei a suar, senti ânsia de vômito, mas me controlei.

— Você está bem? Parece enjoada — disse Ludwika, após observar meu rosto pálido.

— Eu estou bem. O que poderíamos fazer? — perguntei, desesperada. Afinal, o que eu diria àquela mãe quando saísse dali?

Alguns meses antes, eu prometera às mães do acampamento que protegeria seus filhos. Porém, quatro pares de gêmeos e outras cinco crianças tinham desaparecido, sempre com a desculpa de que seriam curados de noma, embora não tivessem manifestado qualquer sintoma. No entanto, aquilo era intolerável. O doutor ficara louco. Para ele, a única coisa importante eram as suas experiências.

— Se não fizermos nada, as crianças vão morrer em menos de 24 horas. Elas receberão o pouco de morfina que nos resta, para que durmam e não sofram — disse o médico.

— Obrigada — respondi, sem conseguir evitar que duas lágrimas escorressem dos meus olhos. Sequei o rosto com o dorso da mão e fui à sala onde a mãe dos meninos me esperava.

A mulher me encarou, suplicante. No entanto, ao ver que eu fazia um gesto negativo, voltou a gritar, golpeando o próprio peito.

— Pelo menos, eles não sentirão dor — comentei, abraçando-a.

Permanecemos mais alguns minutos abraçadas, chorando, até que a pobre mãe se acalmou um pouco. Saímos do hospital e voltamos ao seu barracão, caminhando bem devagar. De repente, a mulher soltou minha mão e começou a correr em direção à cerca eletrificada. Eu fui detida por um forte estrondo. Ela sofreu várias convulsões e, finalmente, a eletricidade a lançou para trás. Quando me aproximei, vi seu rosto assustado. A morte a alcançara, mas seus olhos vazios admiravam o céu cinzento do mês de março. Eu abracei seu corpo chamuscado. Alguns prisioneiros começaram a nos rodear. Os *kapos* me obrigaram a sair do lado da mulher e, comprovando que estava morta, levaram-na à montanha de cadáveres que formavam todos os dias atrás do barracão do hospital.

Dinah ajudou para que eu me levantasse. Seu semblante sério refletia o cansaço produzido por toda aquela violência e morte. A crueldade e a maldade como ato cotidiano pareciam ocupar cada minuto em Auschwitz.

Tínhamos dado apenas dois passos quando uma multidão se dirigiu ao alambrado no fundo do acampamento. O jogo estava a ponto de começar, e aquela gente se acotovelava para observar os SS e os

Sonderkommandos do crematório, que competiriam, durante noventa minutos, em igualdade de condições. Os ciganos adoravam ver quando um SS era derrubado por um chute ou quando um prisioneiro marcava um gol no time dos alemães.

Ao mesmo tempo, o corpo de uma mulher, ainda quente, descansava sobre outra dezena de cadáveres, mas ninguém prestava atenção naquilo. Todos olhavam para o jogo, indiferentes à sua antiga companheira de labuta. Nesse momento, olhei para a escadaria dos fundos da Sauna e vi Mengele. Ele estava de pé, com uma das mãos apoiada no corrimão de madeira. Seu rosto sorridente olhava em direção ao campo de futebol, como se estivesse no camarote de um estádio. Fiquei tão furiosa que abri caminho em meio à multidão, aproximando-me dele. Subi as escadas. Ao me ver, ele franziu o cenho.

— *Herr Doktor*, dois gêmeos da minha escola apareceram em uma situação deplorável. Os médicos acreditam que vão morrer em 24 horas — comentei, tentando me tranquilizar.

— Não me perturbe agora. Estou vendo o jogo! — disse ele, tentando me ignorar.

Permaneci parada na sua frente. De sapato, ficava um pouco mais alta do que ele e, por isso, não o deixava ver nada. Ele me afastou com um gesto rude, e eu quase caí na neve, mas consegui me segurar no corrimão.

— O que você fez, *Herr Doktor*? — insisti.

O homem agarrou meus ombros com suas mãos frias e, cheio de fúria, começou a me sacudir.

— Sua maldita! Eu já fui muito condescendente com você. Tratei muito bem a sua família. Vocês são uns verdadeiros privilegiados. Eu favoreci este campo criando a escola, a creche, a orquestra, mas preciso seguir em frente com meus experimentos. Tudo o que vocês recebem é proporcionado pelo meu instituto. Se tivessem ficado nas mãos do resto do campo, todos os ciganos estariam mortos há semanas. Será que você não entende?

Fiquei atordoada e morta de medo. No fundo, eu sabia que ele estava dizendo a verdade, mas aquilo era tão terrível que eu me negava a reconhecer. Naquele momento, eu só queria morrer. Queria ter a coragem de me lançar contra a cerca eletrificada e dar um fim àquele sofrimento.

— As crianças alemãs estão passando fome e sofrendo as agruras da guerra! As mulheres grávidas estão perdendo seus bebês! Os idosos morrem mendigando por um pedaço de pão! Você não tem o direito de me exigir nada. Eu faço o que posso. Se um deles tiver que ser sacrificado pelo bem da Alemanha, tudo bem, pois tal ato salvará os demais. Gostaria que seus filhos fossem os seguintes?

Os olhos vermelhos de Mengele pareciam a ponto de explodir. O oficial pegou sua pistola *luger* e pousou na minha cabeça. Pensei que tudo tivesse chegado ao fim, mas, de repente, todos começaram a gritar. Os alemães haviam marcado um gol. O doutor me soltou, guardou sua arma e me empurrou para longe da escada. Eu caí na neve fria e úmida. Estava me sentindo péssima, sem forças e a ponto de ficar ali mesmo, mas Blaz se aproximou e me ajudou a levantar.

— Vamos, mamãe — disse ele, apoiando-me em seus ombros.

Deixamos a multidão para trás e seguimos à avenida. Depois, percorremos a curta distância que nos separava da creche. Entramos no barracão, que ainda estava aquecido. Eu me sentei em uma das mesas. As duas xícaras de chá continuavam por lá.

— Vou fazer um chá para você — disse Blaz.

— Não. Eu estou bem. Vá assistir ao jogo.

Mas ele se aproximou da estufa e esquentou a água. Minutos mais tarde, serviu-me o chá. Percebendo o líquido quente descendo pela minha garganta, pensei em Johann. Sem dúvida, ele estaria vendo o jogo do outro lado do alambrado. Estávamos tão próximos e, ao mesmo tempo, tão distantes. Eu sabia que ele teria me protegido daquele monstro, mas, para fazê-lo, seria obrigado a pagar com sua própria vida. Às vezes, as coisas que nos faltam ou os obstáculos que encontramos são nossos aliados e nos ajudam a resistir. Eu decidi que não me deixaria levar, que lutaria até o fim. Enquanto o mundo se desmoronasse ao meu redor, eu me manteria firme. Afinal de contas, algum dia a primavera poderia conseguir ressuscitar, da morte mais tenebrosa, os famélicos habitantes de Auschwitz.

16

Auschwitz, maio de 1944.

Em Auschwitz, os rumores pareciam pólvora. Às vezes, eram os próprios guardas ou *kapos* que filtravam uma ordem ou uma repentina mudança nas condições do campo, outras eram as pessoas que trabalhavam para os nazistas, na secretaria ou em edifícios com acesso à informação privilegiada. A verdade é que, de uma forma ou de outra, nós sempre terminávamos sabendo o que as autoridades do campo estavam tramando.

Os aliados tinham conquistado a quase totalidade da Itália, e dizia-se que, em pouco tempo, abririam um novo *front* no Atlântico. Os russos, pouco a pouco, empurravam os alemães ao interior de suas fronteiras, libertando a União Soviética dos nazistas. Os bombardeios aliados destruíam as principais cidades alemãs, e Hitler precisava de cada vez mais mão de obra escrava para manter o ritmo de fabricação de armas. Em abril, a SS levara mais de oitocentos homens e quase quinhentas mulheres. Pouco a pouco, o campo cigano começava a ficar despovoado, como se fôssemos o esterco de Birkenau. À medida que iam ficando só os que não eram úteis aos nazistas, as condições no campo pioravam.

A única coisa que parecia melhorar naquela época era o clima. As chuvas eram constantes, mas a neve desaparecera e a temperatura era suportável. Na creche e na escola infantil, o trabalho se reduzira muito. Restavam apenas uns vinte alunos em cada uma delas, e todos os meses o número se reduzia. Desde meu último enfrentamento com o doutor Mengele, eu não voltara a falar com ele, limitando-me a enviar relatórios sobre meu trabalho e pedidos para as crianças, que nunca eram atendidos. Minhas ajudantes começavam a deixar transparecer um forte cansaço, e temíamos que uma delas pudesse ser levada a qualquer momento.

Naqueles dias de maio, uma das *kapos*, Wanda, trouxe-nos uma menina alemã de oito anos chamada Else Baker. Wanda não era uma das piores *kapos* do campo, mas não era exatamente um anjo, por isso estranhamos quando ela nos disse que passara quase um mês cuidando da recém-chegada.

Else Baker era uma menina lindíssima, de traços finos e expressão inteligente. Seu aspecto era suave e delicado, deixando claro que nunca sofrera os rigores enfrentados pela maior parte dos ciganos. Eu me aproximei da menina e, com um sorriso, perguntei:

— Quer ficar conosco? Você poderá ficar aqui do início da manhã até o meio-dia.

A menina fez que sim com a cabeça. Quando Wanda foi embora, eu a levei ao barracão da escola infantil. Lá estavam meus filhos Emily e Ernest, os gêmeos, que continuavam junto aos demais mesmo já tendo sete anos. Nos últimos meses, começamos a aceitar crianças de quase todas as idades, embora não tivéssemos nada a oferecê-las, apenas um momento de diversão durante o dia. O projetor estava quebrado, não tínhamos papel nem material escolar, mas o pior é que não contávamos com nada para que eles comessem.

Ao abrir a porta, percebi o rosto desesperado de Vera Luke. Ela estava vestindo seu casaco para sair e, praticamente, nem olhou para a menina.

— Eu estava saindo para procurar você. Levaram os gêmeos — ela me disse, nervosa.

Eu a encarei, incrédula. Não era normal que levassem crianças da escola sem nos avisar. No entanto, em Auschwitz, a maior parte das coisas nunca fazia sentido. Notei uma dor severa no peito e inclinei meu corpo para a frente. Eu precisava reagir, tentei gritar, queria sair correndo dali, queria procurar os gêmeos, mas um ataque de pânico me deixou completamente paralisada.

— Precisamos ir à secretaria ou procurar as crianças diariamente na Sauna. Se elas saírem do acampamento cigano, nunca mais voltarão — disse Vera.

Soltei a mão de Else e saímos correndo para a avenida. Não víamos os gêmeos em lugar algum. Imaginamos que poderiam ter sido levados à Sauna, onde Mengele costumava fazer seus experimentos. Corremos sob uma chuva fina, que não demorou para nos deixar encharcadas. O céu cinzento ressaltava o verde intenso dos prados entre os barracões e o bosque que surgia ao fundo do acampamento. Subimos pela parte de trás do barracão e ficamos alguns segundos quietas, na frente da porta.

— Volte para junto das crianças — pedi a Vera, pois não queria envolvê-la em problemas. Afinal de contas, os filhos eram meus. Eu seria capaz de tudo para recuperá-los, mas ninguém mais deveria sofrer as consequências dos meus atos.

Entrei no laboratório sem bater. Lá estava Zosia, com uns relatórios nas mãos, a ponto de sair do escritório.

— O que você está fazendo aqui? — ela me perguntou, olhando de um lado para o outro.

— Levaram os gêmeos — respondi, chorando.

— Hoje isto virou uma loucura! As autoridades do campo solicitaram quase todos os homens mais jovens que restam, além de oitenta mulheres. É possível que seus filhos tenham entrado na lista por engano. Para a SS, não passamos de números — disse a ajudante de Mengele.

— Não pode ser. Não avisaram na creche. Como se enganariam com os gêmeos? — perguntei, atordoada. Não acreditava em nenhuma palavra daquela explicação. Aquela mulher auxiliava Mengele em seus experimentos.

— Eu não posso dizer nada mais.

A mulher deu de ombros e, com um gesto, pediu que eu saísse da sala, mas consegui escapar e corri ao laboratório. Abri a porta e, logo atrás de mim, continuava escutando a voz de Zosia. Olhei para o interior. Aquele lugar fora alterado desde minha última visita. Já não parecia dedicado à investigação, e sim uma masmorra onde Mengele se divertia torturando pobres crianças inocentes. Nas paredes, havia pequenos quadros com globos oculares de várias cores, além de fotografias assustadoras que mostravam algumas experiências do doutor e vidros com órgãos de seres humanos de várias idades. Em alguns deles, em meio ao líquido desinfetante, havia também fetos disformes e gêmeos.

Ao fundo, estava o doutor, de costas, com seu limpo jaleco branco e as pernas nuas de duas crianças sentadas na longa maca. Imaginei tratar-se de meus filhos. Corri em direção a Mengele, querendo atacá-lo se preciso, mas ele se virou e ficou me encarando, muito sério.

— O que você está fazendo aqui?

Consegui ultrapassá-lo e vi as duas crianças. Não eram os meus filhos. As criaturas me encaravam com expressão de tristeza, como se me suplicassem que as tirassem dali. O doutor segurou a manga do meu casaco e me arrastou ao corredor.

— Você ficou completamente louca? Eu já estive a ponto de acabar com a sua vida. Melhor não brincar com a sorte novamente.

— Cadê os meus filhos? Alguém levou os gêmeos — respondi, furiosa.

— Eles não estão aqui. Só pode ser um engano. Todos os dias eu assino as atas de altas e baixas no campo. As fábricas precisam de mão de obra, e alguns jovens são enviados a outros campos, mas não crianças — disse Mengele, muito sério, embora eu notasse que não me revelava toda a verdade.

Nesse momento, escutei o som de caminhões e corri à entrada. Os veículos estavam parados na grande avenida, e quase uma centena de soldados descia de dentro deles, tentando agarrar ciganos de todas as idades. Eu não sabia o que fazer. Por um lado, imaginei ser melhor assegurar-me de que o restante dos meus filhos estivesse bem, protegendo-os daqueles soldados. Por outro, eu queria sair em busca dos gêmeos.

Resolvi procurar meus filhos perdidos, pois minhas ajudantes, sem dúvida, arriscariam as próprias vidas para salvar as outras crianças. Corri em direção aos caminhões. Os primeiros capturados não resistiram, mas, de repente, um jovem lançou uma pedra em cima de um soldado, atingindo-o bem no rosto. O jovem soldado da SS começou a sangrar pelo nariz e atirou. Os demais ciganos caíram em cima dele e começaram a massacrá-lo, e o restante dos prisioneiros logo os seguiram. Homens e mulheres, velhos e adolescentes, todos começaram a lançar objetos em cima dos soldados, socando-os com cassetetes, pedaços de madeira ou qualquer outra coisa que encontrassem. Ouvi alguns disparos, mas o sargento da SS ordenou que dessem um passo atrás.

Algumas ciganas ajudaram crianças e adolescentes a subirem nos telhados, enquanto outros acendiam tochas e começavam a queimar as lonas de alguns caminhões. Os motoristas reagiram acelerando a toda velocidade. O caos tomou conta de tudo.

Os soldados tentaram se postar entre os barracões 6 e 4. Estavam surpresos com a reação dos prisioneiros. Normalmente, ninguém resistia às suas investidas em Auschwitz, mas a história era outra naquele dia.

Eu me senti orgulhosa daqueles ciganos. A maior parte das pessoas os considerava antissociais, mas eles foram os únicos capazes de defender suas famílias, antes de se deixarem levar como ovelhas ao abatedouro.

Os soldados mataram um dos meninos que lançava pedras do alto de um telhado. Ao lado do menino morto, estava Blaz, com seu estilingue. Ele estava na mira de um soldado. Eu corri e o empurrei, com todas as minhas forças. O alemão perdeu o equilíbrio e errou o tiro.

— Blaz, desça do telhado e volte à creche! — gritei, enquanto um soldado batia na minha cabeça com o cano da sua arma.

Meu filho saltou do telhado e se lançou ao pescoço do soldado da SS. Um grupo de meninos se juntou a ele, e os soldados começaram a correr em direção ao resto de seus companheiros.

Blaz me ajudou a levantar. Eu o agarrei pelos ombros e perguntei, ansiosa:

— Você viu os gêmeos?

Ele fez que não com a cabeça, mas um de seus amigos apontou aos primeiros caminhões, que ainda estavam parados na entrada do campo. A lona do caminhão fora arrancada, e via-se uns trinta prisioneiros que tentavam escapar. Entre eles, os meus gêmeos.

Embora tenha ordenado a Blaz e ao resto dos meninos que voltassem à creche, todos me seguiram. Eu corri ao caminhão, que tentava dar a volta, mas era impedido pela saída dos demais caminhões. Os soldados pretendiam afastar o restante dos prisioneiros, que tentavam ajudar os detidos, mas a maior parte dos SS começou a se retirar de maneira ordenada. Quando chegamos ao caminhão, ele deu a volta e se preparou para sair. Os *kapos* formavam uma barreira para que não passássemos, mas nós a derrubamos e corremos atrás do caminhão. Eu me aproximei de um dos lados e consegui ver os gêmeos. Estávamos a uns dez metros do alambrado, e os soldados estavam organizados do outro lado, em posição de defesa, prontos para disparar em qualquer um que tentasse sair do campo.

Gritei para que os gêmeos saltassem. Eles observaram os quase dois metros e meio de altura que os separavam do chão, mas Ernest subiu na borda de madeira e segurou a mão da irmã, Emily. Os dois saltaram ao barro e rolaram por uns segundos, antes de parar. O caminhão atravessou o alambrado e, rapidamente, os soldados fecharam a entrada. Eles só tinham levado uma dúzia de ciganos, a maior parte conseguira escapar.

Todos começaram a correr em direção aos barracões. Nós temíamos que os nazistas disparassem com suas metralhadoras, mas os ataques cessaram.

Naquela noite, as crianças ficaram com as professoras da creche e da escola infantil. O resto dos ciganos se preparou para um novo ataque ao acampamento. Os primeiros barracões ficaram vazios. O armazém e a cozinha foram saqueados. Uma pequena barricada foi improvisada e passamos a noite acordados, esperando o ataque dos soldados da SS.

Às dez da noite, todas as crianças dormiam. No campo, respirava-se uma calmaria tensa, pois não sabíamos em que momento o caos poderia voltar a reinar. As crianças estavam espalhadas pelo chão da sala, menos perto da porta, onde nós, as professoras, deitamos. O chão de madeira estava congelado, meus ossos doíam. Os gêmeos não quiseram se separar de mim, ficando um de cada lado.

— Acho que chegamos ao fim — disse Zelma, em um sussurro.

Eu não sabia o que responder, pois pensava exatamente o mesmo. A cada dia chegavam novos trens com judeus húngaros, e parecia que nós nos havíamos transformado em um grande incômodo para os nazistas.

— Para algumas pessoas, a hora chegou assim que desceram do trem. Nós, pelo menos, conseguimos fazer algo bonito antes de morrer — respondi, embora não estivesse muito certa de que, realmente, valera a pena estender a agonia de várias crianças caídas nas mãos de Mengele.

— Foi um prazer e uma honra conhecer e trabalhar com você.

— Zelma, não pense nessas coisas. Os nazistas precisam dos jovens para fabricar suas armas. Vocês devem ser levadas vivas daqui. Eu tive uma vida plena. Claro que lamento pelos meus filhos, mas não sei que mundo encontraríamos após a guerra. É possível que a morte seja um descanso para todos nós.

No entanto, eu não me sentia resignada, estava disposta a lutar até o fim. Defender as nossas vidas me parecia o único ato de liberdade que nos restava, mas a morte era tão certa que eu já começava a me acostumar com a ideia.

— Uma das crianças, Klaus, descobriu que pessoas de tamanho pequeno poderiam escapar pelas latrinas da Sauna, chegando ao campo de futebol, de onde deveriam tentar passar pelos crematórios e entrar no bosque — disse Zelma, muito séria.

— Isso é uma loucura. Impossível que alguém chegue tão longe — respondi.

— Algumas pessoas tentaram escapar nos últimos meses. A maior parte delas não chegou muito longe, mas uns poucos conseguiram.

— Estamos rodeados de soldados, seria um suicídio permitir que as crianças escapassem pelas latrinas — comentei, tentando encerrar o assunto.

A jovem cigana ficou calada, e o silêncio voltou a ocupar seu trono. Auschwitz se transformara em um gigantesco cemitério, e nós, em almas penadas ainda não conscientes do fim que teríamos.

Passei o resto da noite desconfortável, sem conseguir dormir direito. Escutava a respiração das crianças, que sobreviviam a mais um dia no campo. Depois, logo cedo, um forte apito nos acordou e todos saímos às portas dos barracões para escutar melhor a voz do megafone ao fundo do acampamento. As pessoas ficaram paradas na frente dos edifícios, como se formassem um grupo de vizinhos curiosos tentando entender o que acontecia.

Eu reconheci a voz de Johann Schwarzhuber, o *Obersturmführer* do campo cigano. Não o víamos muitas vezes no interior do alambrado, mas sua voz estridente era inconfundível.

— Amigos e amigas zíngaros. Nossa intenção não é, como alguém difundiu no acampamento, eliminar os ciganos de Auschwitz. Os senhores são nossos convidados e, depois da guerra, poderão viver em um bom lugar. Ontem, mulheres e homens seriam levados a outros campos de trabalho, para ajudar a Alemanha em sua guerra contra o comunismo. Para que o povo zíngaro reconheça nossa boa vontade, ninguém será castigado por conta do ato de rebeldia de ontem à noite. Nos próximos dias, passaremos aos mais idosos da comunidade os nomes dos prisioneiros e prisioneiras que serão levados, indicando também os campos em que serão lotados. Hoje, os *kapos* distribuirão o dobro de comida e, amanhã, o ritmo normal do campo será restaurado.

Surpresas, ficamos olhando umas para as outras. Não confiávamos muito nas palavras de um oficial da SS, mas, pelo menos, parecia que os nazistas assinavam uma trégua. Talvez, temessem que a rebelião se estendesse a outras partes do campo. De fato, duas horas mais tarde, os *kapos* distribuíram a comida, e a normalidade voltou ao acampamento.

Dez dias mais tarde, os nazistas cumpriram sua palavra e levaram pouco mais de 1.500 prisioneiros. No fim de maio, éramos quatro mil sobreviventes, dos mais de vinte mil no início de maio de 1943.

Quando a última leva de prisioneiros partiu, a situação no acampamento começou a se deteriorar ainda mais. Dia e noite, víamos a chegada de vários trens à estação ao nosso lado. Milhares de pessoas caminhavam em direção aos crematórios, desaparecendo para sempre no final daquela primavera negra quando, pela primeira vez na história, a fria morte vencia a vida que florescia, anunciando a chegada do verão.

17

Auschwitz, agosto de 1944.

Um calor insuportável parecia querer antecipar o inferno que estávamos a ponto de vivenciar. Quase não tínhamos água, a comida fora tão reduzida que várias pessoas se moviam como robôs pelo acampamento, e a mortalidade infantil era assustadora. Nos últimos dias de março, os nazistas deportaram a maior parte de minhas ajudantes. As duas enfermeiras, Maja e Kasandra, não estavam mais conosco e, das antigas mães ciganas, a única que restava era Zelma. Vera Luke se transformara na minha mão direita, mas o número de crianças de que cuidávamos estava muito reduzido. O barracão da escola infantil fora fechado, assim como alguns do hospital. A última componente da equipe sanitária restante no campo cigano era Ludwika.

As noites eram terríveis, e o pior não era o calor e a umidade, mas o cheiro asfixiante da fumaça vinda dos crematórios e das fogueiras, como se uma interminável noite de São João tivesse se instalado entre os crematórios três e quatro. O barulho de trens, que noite e dia chegavam da Hungria, parecia incessante. Às vezes, acumulavam-se duas ou três composições, e os prisioneiros tinham de esperar um ou dois dias em seu interior, para depois caminhar aos matadouros que os nazistas lhes reservavam.

Recebíamos algumas boas notícias vindas do *front*: os aliados tinham reconquistado a França e os russos começavam a entrar na Polônia. Os bombardeios eram tão intensos que víamos passar aviões a qualquer hora do dia e da noite sobre nossas cabeças. Ainda assim, os poucos que restávamos com vida no acampamento cigano tínhamos a sensação de que as boas notícias não nos livrariam das garras de nossos carrascos.

Mengele deixara de visitar o campo cigano. Eu só o via do outro lado do alambrado, selecionando os pobres judeus húngaros que, diariamente, chegavam em ondas intermináveis a Birkenau. À distância, ele parecia sereno, vestido com a mesma correção de sempre, como se o desmoronamento do Terceiro Reich e a decomposição progressiva de Auschwitz não o afetassem. Em segredo, o doutor nos enviava alguns alimentos. De certa maneira, continuava protegendo minha família, embora isso pudesse ser o último resquício de humanidade que lhe restava. Os guardiões, por sua vez, pareciam abatidos e furiosos ao mesmo tempo. Eles matavam os prisioneiros por puro capricho, motivados por qualquer desculpa, e passavam a maior parte dos dias bêbados, ébrios de sangue e ódio, como cães raivosos encurralados, dando suas últimas dentadas antes de desaparecer.

O caos reinava em todos os cantos. Os nazistas não sabiam o que fazer. E nós, de certa forma, sabíamos que nosso acampamento era uma dor de cabeça para as autoridades locais. Algumas semanas antes, os soldados da SS tinham desalojado o campo de famílias judias e, durante vários dias, levaram quase todos os ocupantes, em caminhões, às câmaras de gás. Os tchecos quase não demonstravam resistência, embora fossem muitos mais numerosos do que nós. Em nosso campo, praticamente não restava nenhum homem jovem, a maior parte éramos mulheres, crianças e idosos. Sem dúvida, seríamos uma presa fácil para os nazistas.

Naquela manhã, os *kapos* e as guardiãs, que nas últimas semanas mal se atreviam a entrar, revisaram nossas listas e disseram a vários prisioneiros que, no dia seguinte, seriam levados a outros campos. Enquanto escutávamos a monótona leitura dos nomes, ficamos surpresas ao ouvir alguém pronunciar Else Baker, que passava parte do tempo conosco desde a primavera.

Eu me aproximei da menina, peguei sua mão e a felicitei:

— Else, amanhã você sairá de Auschwitz. Espero que logo consiga rever os seus pais — disse, acariciando seus cabelos.

— Muito obrigada, *Frau* Hannemann — ela me disse, sorridente.

Else parecia exultante. Após alguns meses em Auschwitz, poder sair daquele inferno, embora para entrar em outro, parecia a melhor notícia possível. Quando a lista chegou ao fim, Elisabeth Guttenberger, a secretária do campo, aproximou-se de mim, discretamente. Ela me pediu que saíssemos para caminhar juntas por um tempo, e seguimos à creche. Eu estava completamente exausta, a fome começava a me afetar verdadeiramente. Sentia uma espécie de cansaço crônico, além de uma apatia quase constante. A única coisa que me animava era seguir lutando por meus filhos e pelas crianças do acampamento.

— Isso chegou ao fim.

— O que você está querendo dizer? — perguntei, assustada.

A mulher parou e, muito séria, segurou minhas mãos.

— Vou tentar conseguir uma permissão para você e para seus filhos. Eu não posso lhe contar tudo, mas os nazistas precisam de suas instalações para os prisioneiros húngaros. Nós, os ciganos, já não importamos.

— Eles vão transladar o resto. O que farão conosco? Amanhã, seremos pouco mais de três mil por aqui.

— Olhe ao seu redor. Os que restam mal servem para trabalhar. O hospital foi desmantelado, e todos nós, colaboradores do campo, temos ordem de nos apresentar esta noite, na porta principal. Amanhã, não restará nenhum *kapo*, guarda, secretária ou cozinheira no campo cigano.

Estávamos chegando ao limite do campo e nos viramos para voltar. Eu observei as construções de madeira gasta, verdadeiras quadras para animais, a avenida repleta de pó e a cerca eletrificada que marcava as fronteiras daquela pequena nação cigana. Estávamos em Birkenau havia pouco mais de um ano. Durante todo aquele tempo, eu só escapara daquela prisão uma vez. De certa maneira, aquele pedaço de terra infecta era o nosso lar. Eu não entendia que mal fizéramos aos nazistas, não entendia por que nos consideravam tão perigosos. A maior parte dos internados em Auschwitz nunca cometera um único crime em suas vidas.

— Não acredito que o doutor Mengele nos deixe morrer de fome sem fazer nada. Até hoje, ele sempre cuidou da minha família. Mesmo tendo feito coisas nada humanas e muito reprováveis, não acredito que ele permita a morte de uma mulher alemã e seus cinco filhos.

Tentei parecer firme, embora soubesse que a lógica de fora do acampamento não tinha nada a ver com a lógica reinante ali dentro. Muitas vezes, as ordens mais absurdas eram postas em prática com uma frieza inigualável, mesmo sendo uma clara barbaridade.

— Seja como for, eu já enviei uma carta ao comandante, solicitando um traslado. E espero que a resposta chegue amanhã, logo cedo. Prepare suas coisas. Não os deixaremos aqui — disse Elisabeth, dando-me um abraço.

Nós duas parecíamos estar nos despedindo na plataforma de uma estação. Porém, não éramos velhas amigas que haviam passado um tempo juntas e agora precisavam se separar, e sim náufragas, no meio do oceano raivoso de uma guerra, envoltas pela loucura humana. Hitler declarara a guerra total, os nazistas deveriam exterminar tudo o que não os ajudasse nem contribuísse para a vitória final, e nós seríamos parte desse lixo.

A tarde caía sobre o acampamento quando reuni meus filhos para jantar, pouco antes de irmos dormir. Tentei manter a mesma rotina para que eles não ficassem nervosos. Os três mais novos dormiram rápido, Otis não demorou muito mais, mas Blaz parecia especialmente desperto aquela noite.

— Amanhã, a maior parte das pessoas vai embora, ficaremos muito poucos. Dizem que vão fazer o mesmo com os tchecos. Os ajudantes não dormirão aqui hoje e, amanhã de manhã, vão passar para recolher os nomeados naquela lista.

— Eu sei, meu filho. Mas não se preocupe, Elisabeth está resolvendo tudo para que a gente possa embarcar no próximo trem.

— Não haverá próximo trem, mamãe. Deveríamos tentar nos misturar às pessoas que seguirão aos outros campos — disse Blaz, convencido de que seria fácil, para uma família de seis membros, esfumaçar-se aos olhos dos nazistas.

— Não é tão simples.

— Elisabeth poderia tentar nos incluir na lista.

— Eles selecionaram os mais aptos, além de todos os que tinham medalhas ou reconhecimentos por ter lutado na Grande Guerra — comentei.

De mau humor, Blaz ficou olhando para o chão, mas não demorou muito para seguir em frente com seus argumentos.

— Poderíamos escapar pelas latrinas...

— Seus irmãos são muitos novos, e eu sou grande demais — respondi.

— Não podemos ficar de braços cruzados — disse ele, chateado.

— Amanhã pensaremos em alguma coisa. É possível que Elisabeth consiga nos tirar daqui — comentei, acariciando seus cabelos.

Quando a respiração tranquila do meu filho mais velho me indicou que dormia placidamente, fui à sala. Arrumei o material o melhor que pude. No dia seguinte, não teríamos aula, e eu não sabia se algum dia voltaríamos a ter, mas preferia deixar tudo em ordem. Olhei para as paredes com desenhos, para as pequenas mesas e para os lápis de cor gastos. E me senti satisfeita, lembrando das palavras de Ludwika, ditas meses antes, sobre todo aquele trabalho não ter sido em vão. De alguma maneira, o trabalho na creche e na escola infantil restaurou nossa dignidade como seres humanos e nosso direito a não sermos tratados como animais.

Escrevi as últimas reflexões em meu diário. Meus sentimentos fluíram como nunca.

Tudo se aproxima do fim, como em um drama shakesperiano. A tragédia parece inevitável, como se o autor de uma macabra peça teatral pretendesse deixar seu público boquiaberto. Os mi-

nutos correm, inexoráveis, em direção ao final do último ato. Quando a cortina cair novamente, Auschwitz continuará escrevendo sua história de terror e maldade, e nós nos transformaremos nas almas penadas que percorrem os muros do castelo de Hamlet, embora impedidos de advertir a qualquer pessoa sobre o crime injusto que terão cometido contra o povo cigano. Sinto falta de Johann e ignoro seu destino, mas, por conta da loucura que envolve Auschwitz, assalta-me o temor de que os nazistas também tentarão se livrar das incômodas testemunhas de seus assassinatos.

Não demorei muito para voltar à cama, embora não tenha dormido nada. Lembranças da minha vida inteira me assaltavam a cada segundo, e me sentia satisfeita por ter me casado com meu marido. Algumas pessoas o consideravam desprezível por ser cigano, mas ele era, para mim, um dos homens mais maravilhosos do planeta. Pensei em meus pais. Eles eram muito idosos, e eu não tinha certeza de que teriam sobrevivido à guerra, mas também viveram uma vida plena e feliz. Meus filhos dormiam ao meu lado quando o sol de verão começou a surgir ao longe. Eu sentia um medo profundo, mas passei um bom tempo rezando, pois queria que Deus afastasse os maus presságios de meus pensamentos. E me entreguei à Sua vontade com tal segurança que acabei dormindo no exato momento em que o dia raiava.

De certa maneira, nossos corpos tentaram relaxar aquela manhã. Quando acordei, eram quase dez horas. Eu não tinha nada para oferecer aos meus filhos, mas esquentei um pouco de chá, e foi isso o que tomamos, em silêncio, enquanto escutávamos o ruído das pessoas que se organizavam para a seleção.

Alguém bateu à porta e eu me levantei para abrir. Era Zelma, com seus poucos pertences reunidos em um lençol que amarrara e jogara nas costas. Seu semblante era triste, mas ela não demorou para me presentear com um de seus lindos sorrisos.

— *Frau* Hannemann, eu venho me despedir. Foi uma honra conhecê-la.

— Eu digo o mesmo — respondi, abraçando-a.

— Nunca me esquecerei da sua família.

As crianças saíram para se despedir, e Zelma passou um tempo beijando e abraçando cada um dos meus filhos. Ao terminar, lágrimas tomavam conta de seus grandes olhos verdes. Ela começou a caminhar em direção às filas, e eu senti uma tristeza profunda.

Ludwika saiu do barracão do hospital e se aproximou da creche. Ela era muito menos expressiva do que minha ajudante. Porém, à sua maneira, tentou se despedir.

— Elisabeth me disse que vai conseguir uma ordem de admissão para vocês em outro campo. Eles nunca deveriam ter trazido vocês para este lugar — disse minha amiga, à beira das lágrimas.

— Por quê? Eu não sou melhor do que ninguém. Tenho os cabelos loiros e os olhos claros, mas isso só aconteceu porque meus pais eram alemães, não passou de um acidente de percurso. Sinto-me como qualquer outro. Gostaria de ser aceita no povo cigano. Eles sempre viveram assim, sendo perseguidos e desprezados por todos, mas existe algo grande no seu coração, uma nobreza que já não se encontra neste mundo.

Minha amiga começou a chorar, apoiada em meu ombro. Até o último momento, fui obrigada a consolar as pessoas que queriam me ajudar naquele complicadíssimo transe. Enquanto as crianças brincavam um pouco, ficamos nos lembrando do que vivemos em nossa temporada no campo. E nem todas as lembranças eram negativas. Por fim, os nazistas ordenaram que os prisioneiros selecionados fossem subindo nos caminhões parados entre os barracões da cozinha e do armazém.

A maior parte dos prisioneiros voltou a seus barracões antes do anoitecer. O calor era asfixiante, mas, de alguma maneira, eles pareciam se sentir mais seguros no interior de seus estábulos de madeira. Eu preferi ficar um pouco mais do lado de fora, observando aquele lindo dia de agosto.

Elisabeth se aproximou do nosso barracão às cinco da tarde. O campo parecia triste e vazio quando a vi caminhar pela ampla avenida.

Nesse momento, fiquei me lembrando de quando tudo estava repleto de famílias que tentavam matar o tempo dando passeios antes de jantar.

A secretária parou alguns metros à minha frente, fez um gesto negativo e não se atreveu a subir as escadas. Ela começou a chorar e tapou a boca com sua mão morena, tentando evitar o pranto que desestabilizava a tranquilidade da tarde.

— Quanto tempo ainda temos? — perguntei, tranquila, como se a única coisa que me importasse naquele instante fosse saber o que me esperava.

— Duas horas, antes que eles cheguem.

— Obrigada por tudo.

A mulher se virou e, muito lentamente, afastou-se pela avenida. Entrei na sala e fiquei brincando com meus filhos durante quase duas horas. Esperávamos a chegada iminente da SS. Porém, para minha surpresa, os céus nos presentearam com um pouco mais de tempo.

Fiquei um bom tempo escrevendo, depois deixei o diário sobre a mesa e, quando estava a ponto de revelar aos meus filhos o que aconteceria, alguém bateu à porta.

O doutor Mengele entrou, vestindo um longo casaco de couro negro. Ele nos cumprimentou educadamente, depois pediu para que conversássemos a sós. Mandei as crianças ao quarto e nos sentamos, como dois velhos amigos que não se viam havia tempos.

O homem ficou em silêncio por alguns segundos, depois deixou uma folha sobre a mesa.

— Que documento é esse? — perguntei, confusa.

— Um salvo-conduto. A senhora não é uma prisioneira do Terceiro Reich. Com esta carta, poderá voltar para casa — disse ele, muito sério, com o semblante apagado.

— Nós podemos voltar para casa? — perguntei, mais assustada do que alegre.

— Não. A senhora poderá voltar para casa. Os seus filhos devem permanecer aqui — ele me respondeu, sem muitas palavras.

— Minha família está aqui. Eu não posso ir embora sem eles. Sou uma mãe, *Herr Doktor*. Vocês montaram uma guerra por ideais, defendendo suas crenças fanáticas de liberdade, nação ou raça, mas nós, que somos mães, temos apenas uma pátria, um ideal e uma raça: a nossa família. Eu acompanharei os meus filhos para onde o destino os leve.

Mengele ficou de pé e arrumou os cabelos, nervoso. De alguma maneira, eu o desconcertava, rompendo o modelo de mulher ariana que ele tinha em mente.

— Eles vão morrer esta noite, na câmara de gás, transformando-se em parte de uma confusa massa de corpos. Depois, seus membros se desintegrarão, sendo devorados pelas chamas, transformando-se em cinzas. A senhora poderia refazer sua vida, ter outros filhos e dar a eles o que não pode dar a esses. A senhora sacrificou sua vida. Olhe bem para você: parece um fantasma do que um dia foi. A senhora está somente ossos.

Eu sorri. Naquele exato momento, percebi que sempre fui superior a ele e a todos os assassinos que governavam aquele inferno. Sim, eles eram capazes de exterminar a vida de dezenas de milhares de pessoas em segundos, mas não podiam criar vida. Uma boa mãe valia muito mais do que toda aquela máquina assassina do regime nazista.

Afastei o papel. Pensei em suplicar, em me arrastar aos seus pés, em pedir que salvasse meus filhos, mas fiquei quieta, com uma paz interior que não saberia explicar. Mengele pegou o papel da mesa, guardou no casaco e, por um instante, notei em seus olhos algo parecido à admiração.

— *Frau* Hannemann, eu não entendo o que a senhora está fazendo. Esse ato de individualismo é deplorável. A senhora está colocando seus sentimentos na frente do bem do seu povo. O que nós, os nacional-socialistas, tentamos criar na Alemanha foi justamente o contrário, um corpo nacional em que o indivíduo já não tivesse importância. Espero que esteja certa de sua decisão, pois não há volta possível.

O oficial se dirigiu à saída. As crianças apareceram assim que notaram que fiquei sozinha. Elas me abraçaram e nós formamos um único corpo, com seis corações batendo em uníssono.

— Eles nos levarão a um lugar melhor — falei, com um nó na garganta.

Eu podia estar mentindo, mas acreditava dizer a verdade.

Naquele dia, a esperança da morte continha um doce sabor de eternidade. Em poucas horas, ficaríamos livres para sempre.

Os mais novos voltaram às suas brincadeiras. O único que permaneceu ao meu lado foi Blaz.

— Meu filho, eu estive pensando e acho que você deveria tentar. Temos apenas 15 minutos. Eu preparei um pouco de comida para você e também reservei algum dinheiro. Dizem que, perto do campo, a resistência polonesa costuma ajudar os poucos que conseguem escapar.

— Mas eu não posso deixar vocês — disse Blaz, confuso.

— Quero que você dê um beijo em seus irmãos. Eles viverão em você, os seus olhos serão os olhos deles, as suas mãos serão as mãos deles. Dessa maneira, a nossa família não será eliminada para sempre da face da terra.

Blaz começou a chorar, depois me abraçou e eu senti o calor do seu corpo pela última vez. Ele se despediu dos irmãos, que o abraçaram e depois seguiram em frente com suas brincadeiras. Seus olhos pareciam querer reter a imagem dos rostos magros de todos. O tempo devora com ânsia as lembranças e os rostos das pessoas amadas. Só a memória os retém, com o esforço das lágrimas e do suspiro doloroso do amor.

Vesti o gorro do meu filho quando ele se postou frente à porta. Depois o acompanhei à saída, arrumei suas roupas e limpei seu rosto com um pano. Dei meu último beijo em Blaz, antes que ele saísse em direção à Sauna. Quando desapareceu entre os barracões, escutei uma sirene. Senti um nó no estômago e contive a respiração. Um silêncio incômodo se impôs em todo o campo, depois veio o som de motores e, por último, o ladrar de cães que se aproximavam. Voltei a entrar na creche. Olhei para os meus filhos, que brincavam, sentei-me ao lado deles e os ajudei a recortar alguns papéis.

Enquanto isso, o mundo desaparecia aos nossos pés, envolto em fogo e cinzas. Lembrei do rosto sorridente de Johann e quis acreditar que ele se salvaria daquela destruição, que um dia conseguira reencontrar Blaz e que reconstruiriam juntos o edifício ruído de nossa existência. Naqueles últimos instantes, pensei no aroma de café da nossa casa e nos minutos anteriores ao café da manhã, quando todos continuavam dormindo sob a sombra das minhas asas. *Bendito cotidiano, que nada te perturbe, que nada te fira nem negue a beleza e o trato doce que desenhas em nossas almas,* escrevi no caderno, antes de fechar definitivamente suas folhas.

Epílogo

Eu não queria me lembrar. É verdade que sempre vêm à minha memória a camaradagem daquela época e os sonhos de nossos ideais destruídos. No entanto, eu preferia que o passado permanecesse em uma nuvem opaca que tudo ocultasse.

Deixei o caderno escolar sobre a poltrona ao lado e fechei os olhos, tentando recuperar o fôlego. Aquela leitura me exauriu, como se eu tivesse caminhado rápido demais ao subir uma ladeira íngreme. Passei o voo inteiro lendo, estava cansado, mas acima de tudo sobrecarregado por conta da nítida lembrança de Helene Hannemann. As imagens golpearam minha retina como chicotes enfurecidos e vingativos. Ainda posso vê-la escoltada pelos soldados, naquela tarde de dois de agosto de 1945. O acampamento cigano era um verdadeiro caos de gritos e súplicas, mas ela parecia sossegada, como se estivesse preparando seus filhos para uma longa viagem de férias. Meus homens tiveram de oferecer pão e salsicha aos ciganos, a fim de convencê-los de que seriam levados a outro campo, mas ela se limitou a aceitar a comida e, após ajudar seus filhos a subirem no caminhão, deixou que comessem, lentamente, um último alimento antes de sua morte.

Não quis me aproximar muito, pois sua valentia me afetava de alguma maneira, fazia com que eu sentisse uma sombra de dúvida, que perdesse as certezas do meu credo. Observei de longe. Ela estava na parte traseira do caminhão. Quando o veículo começou a se mover, Helene apertou seus dois filhos menores contra o corpo. O restante dos prisioneiros chorava ou batia no próprio peito, com medo das câmaras de gás, mas ela começou a cantar uma canção de ninar. Sua voz parecia embalar as almas daqueles pobres infelizes, e antes de atravessarem o alambrado, seguindo em direção ao crematório, os gritos tinham cessado, e os prantos deram lugar ao profundo silêncio da morte.

Junto a alguns soldados, fomos registrar os barracões. Descobrimos alguns poucos ciganos que tentavam se esconder do seu destino, mas a voz de Helene Hannemann continuava murmurando, em minha mente, aquela velha canção de ninar. Suas palavras ainda pairavam junto às cinzas de sua existência quando, naquela noite, abandonei o campo cigano para nunca mais voltar. Tanta coragem, tanto amor... tudo em meio à mais absoluta escuridão. Isso me deixou cego por um segundo, mas logo compreendi que o destino dos homens é um enigma na mente dos deuses, e nós éramos deuses, embora aquele fosse o final do nosso próprio crepúsculo.

Alguns esclarecimentos históricos

A história e a vida de Helene Hannemann e seus cinco filhos é totalmente verdadeira. Helene foi uma alemã casada com um cigano. Ela e sua família foram enviadas, em maio de 1943, a Auschwitz, ficando encarceradas em Birkenau, no "campo cigano". Após a chegada do doutor Josef Mengele, Helene foi eleita para montar e dirigir a creche (*Kindergarten*) do campo. Ela era enfermeira, e Mengele a escolheu pensando que uma alemã faria melhor esse trabalho. Helene contou com várias ajudantes ciganas, duas enfermeiras polonesas e a enfermeira tcheca Vera Luke.

A creche e a escola infantil foram instaladas nos barracões 27 e 29. As instalações contavam com balanços, material escolar e um projetor de cinema. O doutor Mengele utilizou a creche como local para cuidar das crianças que, mais à frente, usaria como cobaias em seus experimentos.

Na noite de dois a três de agosto de 1944, o campo cigano foi exterminado. Apesar das promessas do doutor Mengele, Helene Hannemann e seus cinco filhos foram assassinados nas câmaras de gás. A ela foi oferecida a possibilidade de se salvar, abandonando os filhos, mas Helene preferiu morrer ao lado deles. Neste livro, para que reste alguma esperança ao leitor, salvei Blaz, mas a realidade é que seus cinco filhos morreram naquela noite.

Alterei os nomes das crianças e do marido de Helene, mas mantive os nomes verdadeiros da maior parte dos personagens reais que viveram e sofreram no campo cigano de Auschwitz.

Ludwika Wierzbicka, a amiga enfermeira de Helene, foi uma prisioneira real que trabalhou no hospital cigano. Também são reais todos os membros da equipe médica a qual faço referência neste livro.

Elisabeth Guttenberger, a secretária do campo, foi uma personagem real que conseguiu sobreviver à matança dos ciganos e à Segunda Guerra Mundial.

Os perfis das guardiãs nazistas Irma Grese e Maria Mandel tentam ser fiéis à realidade. Diz-se que Irma Grese, jovem de grande beleza e crueldade, foi amante do doutor Mengele e que, no campo, abortou um filho seu. Maria Mandel, uma das guardiãs mais cruéis, afeiçoou-se a um menino cigano, como narro neste livro, mas foi obrigada a entregá-lo à morte. As duas morreram enforcadas, após terem sido julgadas por crimes de guerra.

Dinah Babbitt também foi uma personagem real. A jovem pintora tcheca de origem judaica foi utilizada por Mengele para retratar os prisioneiros ciganos.

A creche do campo cigano de Auschwitz existiu e funcionou de maio de 1943 a agosto de 1944.

Em Auschwitz, foram encarceradas 20.943 pessoas de etnia cigana, segundo os números oficiais. No entanto, outras milhares de pessoas foram assassinadas ao chegar, sem que um registro tivesse sido feito. Calcula-se que, naquele campo, nasceram cerca de 371 crianças, embora Michael Zimmermann, pesquisador de Auschwitz, defenda ter havido 22.600 prisioneiros reais, dos quais 3.300 sobreviveram por terem sido transferidos a outros campos, em meados de 1944. Os ciganos eram egressos principalmente da Alemanha, Morávia, Protetorado da Boêmia e Polônia, embora existissem pessoas de outros lugares.

São reais as duas tentativas de extermínio do campo e a resistência dos ciganos, em maio de 1944, que acabou adiando sua eliminação para o mês de agosto do mesmo ano.

Himmler não visitou Auschwitz na primavera de 1943. A última vez que esteve no campo de extermínio foi no verão de 1942.

Josef Mengele foi transferido do campo de Gross-Rosen no dia 17 de janeiro de 1945, levando consigo duas caixas de documentos. O restante de suas pesquisas foi destruído pela SS diante da chegada iminente de russos ao campo. Mengele escapou no dia 18 de fevereiro, misturando-se aos milhares de soldados capturados pelos aliados. Com a identidade falsa de Fritz Hollmann, escapou por Gênova, chegando à Argentina. Mesmo com sua cabeça posta a prêmio, Mengele nunca foi capturado, e diz-se que morreu afogado no Brasil, enquanto nadava, no dia sete de fevereiro de 1979.

Em fevereiro de 2010, o neto de uma vítima do Holocausto comprou o diário de Mengele. Em 2011, foram vendidos outros trinta volumes dos seus diários, adquiridos por um colecionador anônimo.

Não sabemos se Helene Hannemann escreveu um diário, mas acreditamos que isso seria o mais próximo de um testemunho direto da protagonista no momento de narrar esta história.

O doutor Mengele viajou à Suíça para ver seu filho, em março de 1956, como é narrado neste livro. Diz-se ter sido a última vez que pisou em solo europeu.

Cronologia do campo cigano de Auschwitz

1942

16 de dezembro. Heinrich Himmler, comandante da SS, emite decreto de encarceramento dos ciganos nos territórios ocupados pelos nazistas e da criação de um campo cigano em Auschwitz.

1943

01 de fevereiro. Constitui-se, oficialmente, um campo cigano em Auschwitz, embora já houvesse ciganos encarcerados por delitos comuns.
26 de fevereiro. Chegam os primeiros ciganos ao campo de extermínio.

Março. Chegam 23 trens, com 11.339 membros da etnia cigana.
23 de março. Cerca de 1.700 homens, mulheres e crianças são exterminados para evitar a propagação do tifo, logo após sua chegada a Auschwitz.

Abril. Chegam 2.677 membros da etnia cigana.

Maio. Chega a Auschwitz o doutor Josef Mengele, como médico adjunto ao campo cigano.
Maio. Chegam 2.014 prisioneiros ao campo cigano. É criada a creche do campo cigano.
25 de maio. Mengele ordena o assassinato de 507 homens e 528 mulheres a fim de evitar uma nova epidemia de tifo.

1944

15 de abril. 884 homens e 437 mulheres são transferidos a Buchenwald e Ravensbrück.

16 de maio. Tentativa de eliminação do campo cigano, que é detida pela resistência dos presos.

23 de maio. Mil e quinhentos presos são transportados a outros campos.

09 de novembro. Cem presos são trasladados ao campo de concentração de Natzweiler, para experiências contra o tifo.

21 de julho. Chegam os últimos ciganos ao campo.

02 de agosto. Cerca de 1.400 prisioneiros são enviados a outros campos. O restante, 1.897 homens, mulheres e crianças são assassinados na câmara de gás de Birkenau.

1945

27 de janeiro. Os soviéticos liberam os últimos 7.600 prisioneiros que restavam em Auschwitz.

1947

Primeiro julgamento de Auschwitz em Cracóvia, na Polônia. Cerca de quarenta antigos oficiais e soldados da SS foram condenados, e alguns morreram enforcados.

1963

Segundo julgamento de Auschwitz, em Frankfurt, no qual 22 nazistas foram processados, sendo 17 deles condenados.

GLOSSÁRIO

Arbeit macht frei: O trabalho liberta.

Bajío: sorte.

Beng: diabo.

Blockführer: responsável pelo bloco.

Gadyí: mulher não cigana.

Guten morgen: bom dia.

Kindergarten: creche/jardim de infância.

Knirps: menino.

Luger: um tipo de pistola.

Obersturmführer: líder superior de ataques.

Sonderkommandos: grupo de prisioneiros homens obrigados a retirar os cadáveres das câmaras de gás ou dos crematórios.

Zigeunerlager: nome pelo qual era conhecido o acampamento de famílias ciganas.

Agradecimentos

A memória de Helene Hannemann e sua família se eternizará nas páginas deste livro, mas sobretudo na mente e no coração de seus milhares de leitores. Mesmo quando não estivermos mais neste mundo, muita gente conhecerá o enorme valor dessa grande mulher e mãe.

Quero expressar meu agradecimento ao Museu de Auschwitz, que nos ofereceu um guia particular para visitar e descobrir Auschwitz I, Auschwitz II e Birkenau.

Aos testemunhos escritos de Miklós Nyiszli, assistente de Mengele, à obra sobre os ciganos em Auschwitz, de Stawomir Kapraiski, Maria Martyniak e Joanna Telewicz-Kwiatkowska. À obra de Primo Levi, que viveu e morreu recordando o inferno de Auschwitz. Também ao livro de Mónica G. Álvarez, intitulado *Guardianas Nazis* (Madri: Edaf, 2012). Ao testemunho do carrasco e comandante de Auschwitz Rudolf Höss, que escreveu um livro ignominioso para limpar sua consciência, mas que nos ajudou a conseguir detalhes imprescindíveis. Aos biógrafos de Mengele, Gerald L. Posner e John Ware. Ao testemunho do sobrevivente cigano Otto Rosenberg. Ao pungente relato da doutora Olga Lengyel e ao jornalista Laurence Rees, por seu livro *Auschwitz, Los nazis y la solución final* (Barcelona, Crítica, 2005).

A Miguel Palacios Carbonell, destacado membro da comunidade cigana espanhola, que me contou a linda história de Helene Hannemann e sua família.

Ao presidente da HarperCollins Español, Larry Downs, que tem olhos e ouvidos, em um mundo cego e surdo.

À toda a equipe da HarperCollins Español: Graciela, Roberto, Jake, Carlos, Alfonso e Lluvia.

NOTAS

1. Elie Wiesel, escritor romeno de origem judaica, sobrevivente dos campos de concentração nazistas, em *US News & World Report* (27/10/1986). Citado em Christian Volz, *Six Ethics: A Rights-Based Approach to Establishing an Objective Common Morality* [Seis éticas: uma abordagem baseada em direitos para o estabelecimento de uma moralidade comum, em tradução livre] (eBookIt.com), versão eletrônica, seção "Essay 3: Social Justice".
2. Miklós Nyiszli, médico húngaro de origem judaica, ajudante do doutor Mengele; em *Fui asistente del Doctor Mengele: recuerdos de un médico internado en Auschwtiz* [Fui assistente do doutor Mengele: memórias de um médico preso em Auschwitz, em tradução livre] (Oświęcim: Frap-Books, 2011).
3. Olga Lengyel, médica húngara sobrevivente de Auschwitz, em *Los hornos de Hitler* [Os fornos de Hitler, em tradução livre] (México: Diana, 1961).

Sobre o autor

Mario Escobar, formado em História e especialista em História Moderna, escreveu numerosos artigos e livros sobre a época da Inquisição, a Igreja Católica, a era da Reforma Protestante e seitas religiosas. Apaixonado pela História e seus enigmas, estudou em profundidade a história da Igreja, dos distintos grupos sectários que lutaram em seu seio, bem como do descobrimento e da colonização da América.

Publisher
Kaike Nanne

Editora de aquisição
Renata Sturm

Editora executiva
Lívia Rosa

Coordenação de produção
Thalita Aragão Ramalho

Produção editorial
Isis Batista Pinto

Copidesque
Clarissa Luz

Revisão
Marcela Isensee
Maria Júlia Calsavara

Diagramação
Abreu's System

Capa
Typo Studio

Este livro foi impresso no Rio de Janeiro, em 2016,
pela Edigráfica, para a HarperCollins Brasil.
A fonte usada no miolo é Arno Pro, corpo 12/15,2.
O papel do miolo é Chambril Avena 80g/m², e o da capa é cartão 250g/m².